跟德國爸爸輕鬆學

從33個親子互動妙招，學習陪伴的教養

拉爾夫●凱斯帕、烏爾里希●霍夫曼——合著

賴雅靜、黃秀如——譯

Ralph
Caspers
+
Ulrich
Hoffmann

Ab in die Dertschi!

33 Familiengeschichten,
die passieren,
wenn man sie nur lässt

推薦序

德國爸爸能，我們為什麼不能？

劉叔慧（作家）

「我們陪伴孩子走的路很漫長，有時這條路走來無比輕鬆，陽光照耀，背後還有微風推送；另一些時候卻崎嶇多難，有著強風暴雨，必須逆風而行。」（P.147）

在親子教養書成爲出版顯學的這幾年，我們對於外國爸媽的教養術特別感興趣，也經常有某種「崇洋教養」的潛臺詞流溢在各種親子文中——西方的孩子好像特別有教養，特別安靜，特別這樣那樣，彷佛給洋爸媽撫養教育過的幼童稚子，便能在餐廳裡飛機上各種公開場合表現出不同凡響的成熟行爲。

這本《跟德國爸爸輕鬆學》便老老實實的呈現：全世界的爸媽其實都有相同的困

擾，即使是德國的孩子也會胡鬧。德國學校一樣會出過多家庭作業，讓爸媽幫或不幫都感困擾；孩子們也一樣熱愛薯條可樂不愛健康飲食；一樣會搗蛋耍廢爭吵做瞎事，而爸爸媽媽一樣會束手無策……。這本有趣的書與其說是教養書，更是一本體驗德國生活的育兒記事。

臺灣人習慣把教養這個重責分配給媽媽，但德國爸爸可一點都不會把這個任務讓母親獨占，若說德國家長對教養有什麼獨到之處，我認爲也許就在於他們非常理解「陪伴」這件事有多重要。

如何安排「健康」的家庭生活？既然大家都愛吃薯片當沙發馬鈴薯看電視，那不如安排特定的「悠閒一天」，全家一起耍廢。如何解決家中凌亂的家務問題？安排一個打掃日吧，全家分工合作，打掃可不是爸爸或是媽媽的專屬任務。搭公車下錯站？乾脆帶著孩子享受沒有目的地的城市小旅行。沒有什麼是小孩不能參與的，只要有爸媽陪伴，孩子的學習潛力無比巨大。

家裡也有一位德國爸爸，所以在閱讀這本書時，特別能對德國爸爸的各種苦惱對策感到會心。這本書裡呈現出來的居家生活，雖然不同於臺灣，畢竟環境迥異，光是他們的夏日時光就比我們要長很多（德國的夏天都要到九點多十點才會天黑），以及因爲語言衍生而出的趣味性，也難以透過翻譯完整體會，但這都不妨礙爲人父母者的飽滿既視感——原來德國的孩子也如此如此，原來德國的爸媽也會困惑無措，而這一切困擾的解答都只有一個——陪伴。

在陪伴的過程中彼此解答，在陪伴的過程中彼此安慰。不論孩子的未來人生成就非凡或是平庸無奇，父母在成長過程中的陪伴支持，都將是他們最堅實的資產。這也是這本書最美好的結論。

從33個親子互動妙招，學習陪伴的教養

跟德國爸爸輕鬆學

前言

大家好！歡迎閱讀本書。

「喔，對不起，請稍待片刻，我得先挪開這堆雜物。我好了，大家請坐吧！想喝點什麼嗎？啊，等一下，我去忙一下。很高興見到你，我等一下就過去，稍等喔……對了，你們最近還好嗎？知道你們過得不錯我就放心了，想喝點什麼嗎？我等一下再過來，我必須先……好、好，我馬上過去，請先坐一下，我馬上就來。各位，把這裡當你家，別拘束。啊、啊，知道了，不要再叫了，我馬上就過去了！」

如果家裡有幾個孩子的話，想要好好的跟朋友聊天，等於就是不可能的任務！但從另一個角度來說，和朋友相聚的時刻，也就變得更重要了。

每當客人來訪，圍坐桌旁之時，大伙兒自然而然的就將話題轉移到子女身上，或說說發生在他們身上的大小事情、提出種種實用的建議給對方……。有時候，大家邊聊邊說，幾乎完全忘記了，家裡有孩子是件多麼美好的事；有時候，就在聊天的過程中，朋友間也不經意的提醒了對方，是家裡的孩子們帶來了許多歡聲笑語。

於是，我們聽到自己的聲音裡充滿了驕傲；或和朋友因想起了共同的回憶，臉上不由得露出了微笑，在這樣的時刻，我們的眼神也興奮得閃閃發亮。

上床睡覺前，我們放輕腳步，悄悄的走進孩子們的房間，安靜的看著他們的睡臉，雙眼不禁盈滿了幸福的淚水，只因生活就是如此。也因爲明天一早，我們依然必須很早起床，才能在送孩子到幼稚園或學校前，陪他們看一段卡通；也因爲早起的緣故，我們才有機會幫孩子們準備美味可口的點心，讓他們在下課的時候，塡飽飢餓的小肚子。我們早已明白，總有一天，當孩子們向我們道再見時，最多和我們揮揮手，卻不再甜蜜的和我們吻別，唯一値得慶幸的是這個時刻尚未來到。

我們是凱斯帕和霍夫曼，共擁有六個孩子，這些孩子當然分屬於兩個家庭。在多年的合作過程中，我們時常用電話來溝通重要的合作事項，這時孩子們卻咚咚咚的衝進房間，不管此時我們是在工作或睡覺，對他們都毫無影響。我們兩家和其他的家庭一樣，孩子們的一舉一動從不按計畫進行，這恰好也成爲他們最美妙的特質，使我們避免了急躁不安，反而得以用冷靜祥和的態度，面對生活中無法預知的突發情況。

有時候，像我們這種類型的父母，難免招來一些人在背後指指點點。原因在於，這些人認爲，爲人父母者，若未隨時表現出承受了許多壓力的模樣，表示他們並未對孩子付出足夠的關心。因爲這些父母總是無微不至的觀察孩子們的生活細節，以致於常常氣急敗壞的抱怨孩子們的不是，長久以往，他們自己也覺得不耐煩，於是反過來抱怨自己在孩子們身上投注了太多的時間。

我們兩人都傾注了許多時間於家庭生活中，有時這樣的行爲是下意識的選擇，但大多數時候，卻是經過反覆思量、計畫，必要時還得花費力氣，克服懶散的心態，最後才得以挪出時間陪伴家人。

許多父母想必都理解，在這段時間裡，不受干擾、陪伴孩子們的寶貴時光，對他們極有益處。與其帶著孩子到土耳其度豪華假期，甚至到加拿大那些建築在原始林區的高級滑雪場滑雪，也都不是充滿了魔力的寶貴時光，因爲在日常生活中陪著孩子的時刻，才具有眞正的價值。

然而這數百年來，孩子們卻淪爲成人之間的競賽工具，其計分方式大致如下：孩子考試的成績愈佳、體育競賽獲得的獎牌愈多，課後安排的活動愈密集，表示父母愈超越其他人。於是爲了父母個人的歡喜，導致孩子們的生活都被扭曲了。

在這些競賽過程中，人們卻往往遺忘了，孩子們能從中獲得多少樂趣呢？有些家長（我們也一樣，有時也會犯同樣的錯誤）因日常生活的疲累，以致忽略了和孩子們共同生活的時光是多麼的美好動人。但只要你能敞開胸懷，允許自己暫時變回一個孩子，你將會明白，自己是多麼的幸福。我們想要告訴你的是，和孩子們一同搭帳棚露營、組裝一個小火箭、堆一個圓圓胖胖的雪人，或找個午後時分，陪他們看部電影，父母都收穫滿滿？和孩子一同打發時間的方法很多，只要順著自己的心意，你就能得到答案。

獻上誠摯的祝福

拉爾夫·凱斯帕和烏爾里希·霍夫曼　敬上

目錄 CONTENTS

1.

「啊你要到哪去？」

有一天，我四歲的大兒子從幼兒園下課回家後，告訴我：「學校裡發生了非常可怕的事情。」比方說，教保員只會亂吼孩子，小孩什麼都不能做，學校裡的餐點很難吃，而所有的孩子吃得都快吐了。除此之外，他們整天都在玩「顛倒的世界」這個遊戲。

他的話讓我大爲吃驚。有趣的是，雖然看來經歷了不愉快的一天，四歲兒子的心情還是很好，說完了，他問我：「家裡有餅乾可以吃嗎？」

「呃，先等一下好嗎？我剛剛有點被嚇到了。今天幼兒園到底發生了什麼事？」

「顛倒的世界呀，爸爸你都沒在聽嗎？」

他用翻白眼同時吐出舌頭的動作，回應「到底什麼是『顛倒的世界』」這個問題。到目前爲止，這個動作一直是我們家表達極度鄙視的模式。如果同時還想說些自己的想法，我們就會從下面的句子中，選擇一個最合乎心意的。比方說：「這是騙人的吧！」、「你幾歲了？」、「你是從哪裡來的，趕快回你的星球！」或「你好傻好天眞嗎！」

「你不知道嗎？顚倒的世界就是，所有詞的意思和原本的剛好相反。『好』就是『壞』，『無聊』就是『好玩』，『右邊』變成『左邊』。」

他咧嘴笑了。

我在心裡用「戰爭即和平、無知就是力量」等句子，接續孩子剛剛說的話，同時也在默默的思考，爲什麼一個剛上幼稚園的四歲孩子，就已經開始接觸喬治．歐威爾的作品《一九八四》呢？這時，想必我的臉上不自覺的流露了恍惚的表情，以致於孩子不耐煩的叫我了。

「爸比？爸──比？」

我暗自告訴自己：「呃，對了，是諷刺！沒錯，這樣一來，我就放心了。」有些成人總是認爲孩子們還太小，根本沒辦法理解這些爲人所喜愛的修辭格用法，下次和他們討論的時候，我就可以舉這個例子來說明了，一想到這裡，我的心情突然變得輕快了起來。哈哈！

親耳聽到孩子們開語言玩笑，也覺得這樣說話非常好玩，這個時刻永難忘懷。

跟我年紀相當的人，大多擁有同樣的回憶，成長時期想必都是跟「芝麻街」這類的電視節目學怎麼拼字的。如果沒記錯的話，上小學低年級的時候，我就能清晰分辨「蛋」（ei）、「冰」（eis）或「她」（sie）、「從不」（nie）之間的差異，也學會了怎麼拼「吃」（essen）這個詞。剛上學，開始寫作業時，最重要的是每個字母看起來都要寫得整齊清晰、筆畫連接時也要顧及書寫的流暢度。還有，我們確實能夠用學習到的詞彙，組成有意義的句子。

我們的孩子卻剛好相反，在學校裡，他們首先學會的本事就是傾聽，而後再寫下自己所聽到的詞。和相對起來靜態的「蛋」或「冰」這些字相比，孩子們先聽再拼的方法是另一種激起想像的方式。

德文字的念法就是按照字母的發音拼音，然而，聽出「音」所代表的「字母」並非總是那麼簡單；而將聽到的音轉化為正確的符號，並且將這些符號，也就是「字母」寫下來，也同樣不容易。

練習寫字也有美好的一面，當孩子仔細傾聽的時候，眼前也會浮現連成人都覺得陌生的新詞，我們太常聽到這些詞，閱讀到的次數也太過頻繁了，以致聯結定型。舉例來說，《灰姑娘》裡的鳥兒們，不停的叫道：「咕——咕，鞋子裡有血」，孩子們聽到後，

1.「啊你要到哪去？」

以爲鳥兒們嚇壞了，在「哭哭」。當時我們家裡有一隻布做的牛，所有的人都很喜歡牠，於是孩子們便稱之爲：「萌萌（哞哞）」，於是萌萌就成爲這頭牛的名字！還有，當時我們家裡還有一隻布做的貓，想當然，「毛毛（貓貓）」就成爲貓咪的名字了。

許多由孩子們發明的新詞也非常有趣。夏季時，我們到義大利度假，日復一日的聽到當地人用「俏」（ciao，再見）和「阿利維德其」（arrivederci，再會）這兩個詞打招呼。放假時，孩子們都喜歡晚睡，有一天，我們告訴孩子們說：「你們差不多該睡了，阿利維德其！」聽到了這個字以後，孩子們居然試著將之收錄在他們的語言寶藏裡。然而他們聽到的發音並不是「阿利維德其」（arrivederci）而是「啊你要到哪去」；而這裡所指的「到哪去」可以是任何很遠的地方。

到最後，「啊你要到哪去」就成爲我們對「很遠的地方」之總稱。如果提到一個全家人都沒去過的地方，這個地方就被稱爲「啊你要到哪去」，形容陌生的國度。該怎麼到那裡呢？很抱歉，我也不知道。既然這樣，那裡到底有什麼呢？我只能說，那裡一定有一些「不知道要到哪裡去」的生物。

在上述提到的義大利假期中，我們一家人住進了一間有著大花園的房子，花園裡種植了許多植物，還有由大量的岩石切割堆砌而成的圍牆。一天午後，我的女兒就在這樣的一座圍牆下，發現了一種她從沒見過的生物。於是她激動的跑到我的面前，對著我大叫：「我看見了活活的！」

「什麼活活的？你指的是什麼呀？」

「就是活活的啊。牠在動，就在那裡，在牆邊。」

說完後，她迫不及待的拉著我，直奔之前發現的新大陸，我看了她指的地方，只看到幾隻正懶洋洋的曬著太陽的壁虎。

「啊，你指的原來是『活生生的東西』。」

「沒錯呀，活活的。」

「活活的」，這個詞聽起來真奇怪。一整天裡，我不停的問自己，她到底是怎麼創造出這個詞的，不過就算我想破了頭，也找不出任何合理的解釋。這個情況一直持續到晚餐，今天的菜色是「香辣茄汁筆管義大利麵」，吃完後我問大家：「怎麼樣，你們覺得好吃嗎？」

大家隨意的點頭稱是，並小聲的咕噥些語焉不詳的句子，我的兒子回道：「吃起來有點像刀子。」

「什麼？你指的是……？吃起來怎麼會像刀子呢？」我吃的時候完全不覺得有金屬味

呀，舌尖只感覺到濃郁的調味料和微微的辣味。

「唉喲，吃起來就像刀子呀，很利。」

「啊哈！原來如此。」「辣（銳利）」的味覺和「刀子」之間的聯繫，讓我恍然大悟。大人必須擁有邏輯思考的能力，才能瞭解孩子們所說的話，我現在完全明白，女兒爲什麼會說「活活的」這個詞。原因在於，「黏黏的」這個形容詞，就是來自於「黏」這個動詞，因此從「活」這個動詞，自然衍生出「活活的」這個形容詞，而不是普遍認知的「活生生的」。

度假回來後，我們回歸正常的生活軌道，孩子們很快便發現，寫字簡直就像一扇完美的閥門，能在很短的時間內，排除自己對世界的怒火，包括由爸爸引起的不快。

這時已經接近傍晚了，我剛小憩醒來，心裡還在思量，到底還有什麼事情沒做完，突然間，我看到電話旁邊吊著一張畫了線的小紙條。每一行的開頭都寫著「等一下」，然後就是空白，連續幾行的「等一下」後，出現了孩子氣憤的字跡，他在紙條的最後五行寫著：「爸比每次都這樣／總是說馬上過來／我等不及只好過來／只聽到『呼呼』的打鼾聲／發現他已經睡著了。」這下我終於想到自己忘了做什麼事了，事實上，原本我是計畫要到花園幫兒子的滑板鎖上螺絲。雖然一不小心就遺忘了這件事，但這只是一樁小事啊，對於這樣的指責我無須感到良心不安，尤其這個生氣的孩子才剛上二年級而已呢。

然而，這不是我收到最後一張表達抗議的紙條。有一次，我女兒覺得受到了傷害，氣憤的離開我們的視線，不想再看我們一眼。她留了一張紙，貼在兒童臥室門口的留言板上，一年級兒童歪歪扭扭的幼稚字跡寫著：「所有人，都不准進來！」

當我念小學一年級的時候，這樣的句子我一定寫不出來。

2.

到終點站才下車

我第一次因為這種疏忽，而發生了以下的事件。

我從幼稚園接了兒子一同搭公車回家。我們坐在最後一排的長椅，那時大約是下午了，公車上幾乎空無一人。我昏昏欲睡，低頭打了個小盹，沒想到有人突然搖了搖我的肩膀，使我從睡夢中驚醒過來。一個好心的聲音提醒我：「終點站到了，下車了。」

有時候不知道為何，總會感到非常的疲憊，那是一種無法以言語形容的感覺，你熟悉這種感覺嗎？其實除了正常生活外，我們並沒什麼特別勞累的事情要忙。陪伴孩子們也算嗎？

許多夫妻朋友告訴我，當前流行的書中總是描述爸媽們類似的心情，然而當我問自己的爸媽時，他們卻說已經不記得從前的感受了。人們往往排斥身為父母的無盡疲累感，就像不願再經歷第二次生產的痛苦一樣（否則的話，世界上就不會有那麼多獨生子女）。或是因為從前的生活方式比較簡單，孩子們也睡得更安穩，所以不會提出那麼多的問題？

總之，我短暫的閉上了眼睛。我們來到了終點站。我的兒子跪坐在我身旁的位子上，整個臉都壓在玻璃上，興奮的看著窗外的風景。我們所有的東西都放在一旁，包括外套、背包和幼稚園書包。

但是，這裡到底是什麼地方？

我們只好下車，看著周遭的環境。這時天色已經慢慢變暗了。

大都市非常便利，然而置身於大都市繁忙的交通網絡中，我們卻經常不太知道自己所在的確切位置，這種感覺有時令人相當焦慮。幸運的是，這裡並不是非洲大草原某處，或是仿如恐怖電影場景的終點站：除了懸掛著一個很大的招牌外，放眼望去，只能看到一片漆黑的森林，此外別無他物了。

這裡是一個空蕩蕩，聞不到一絲生活氣息的車站。這裡看起來和其他車站並沒什麼不同，大廳中央有一個燈光昏暗的書報攤，可以說是整個車站裡僅存一點人氣的地方。四下張望了一會兒後，我從經常搭乘的公車顯示板上，認出了這個站的名字。但之前我從沒想過這裡到底是什麼地方，要怎樣能到達這裡？還有，該怎麼離開？

過了一段時間後，我才突然想到應該如何解決當下的問題：只要搭乘同一線，但反向行駛的公車就行了。但可惜的是，這部回程的車子剛剛已經開走了，都怪我思考過久，到了這時才反應過來，最後只能眼睜睜的看著車子的背影遠離。

下一班公車的開車時間是二十分鐘後，我告訴自己，或許這樣的情況還不算太糟吧，同時不禁回想起年輕時等夜間公車的情形，那時我要等的車子也剛好開走了——我利用等車的時間聽完了一整張專輯，也將全部的精神用來想念當時的女友，以致連車要開走了也沒發現，幸好友善的司機按喇叭提醒了我。

在公車時刻表上張貼了一張都市地圖，我試著研究地圖，希望能找到一條更快捷的路返家。我發現，只要多轉幾趟車就可以早點回到家，但這樣會比較辛苦。

兒子一直耐心的站在我身旁，後來才問我：「這裡是哪裡呢？」

我氣惱的回他：「爲什麼剛剛你不叫醒我？你應該認得家裡附近的站牌呀！」

他卻神情興奮，眼睛閃閃發亮的回說：「可是，你不覺得這樣很緊張刺激嘛！」

從那之後，我們就發展出一項新的休閒活動了。這活動雖然有點古怪，卻極有啓發性，那就是：空閒搭車時，習慣坐到終點站才下車。

來到陌生的地方，其他的家庭探尋著城市的各大景點，而我們卻搭乘大眾交通工具，造訪鄰近的鄉鎮。

這項活動帶來的樂趣在於：絕不做好萬全準備。當然，每個都市都有當地的公車線，移動在景色特別優美且值得參觀的地點之間，但我們最後總是選擇城市裡最好喝的冷飲店、最美味的咖哩香腸攤，做爲我們眞正的「終點站」。

我們的作法和其他人相反，主要是爲了發現都市的不知名角落、看起來無聊透頂的社區，或不受都市計畫所重視的事物。有時我們甚至會不由得慶幸，自己不用住在無聊的地方。在這樣的隨意活動中，「偶發事件」就是我們最好的助手。我們走到公車站，登上任何一部即將離站的公車。

如果這裡只行駛一線公車，或者所有公車我們都已經搭過的話，轉車也是一個很好的選擇；在不得已的情況下，前往最近一處較大的交會點。或採取任何其他的選擇方式，比方說擲骰子、抽籤決定，甚至閉上眼睛，轉個圈圈，然後睜開眼睛，朝著眼前的方向前進。

然而這種郊遊方式，卻有其限制，只能由父母中的一方，帶著一個小孩出遊。有一次我們全家一起出動，結果卻因爲彼此之間意見太多而互相牽制，以致於沒時間欣賞身旁的景致了。

我們以不限定目的地的方式，搭乘了許多公車，看著車窗外的景色，指著自己的發現告訴另一人，看到了什麼樣的建築或形形色色的人群。「長大以後，我想要擁有這樣的房子。」「看！哈巴狗耶。」「這棵樹長得好像火箭。」或「爲什麼煙囪冒出了黑煙？」

有一次，我們經過了核能發電廠，看見了反應爐的樣子。我們都覺得很奇怪，我還能趁這個機會告訴孩子，從好幾年前開始，我們家就開始使用環保電力了，而我們之所以這麼做的原因，是因爲……

我們便開啓了一場有趣的道德物理討論，內容大致如下：所有的電力來自一個電網，也就是說，我們完全沒使用家裡支付了費用的水、太陽能和風力製造的能源，而是從電網汲取「任何一種」環保電力。如此的討論，也很有哲學思考的意味。

對孩子來說，許多區域都是他們未知的，身爲父母的我們，卻不覺陌生。「從前我住過這裡，大學時和其他人合租的房子」，這樣一句話引來了孩子的許多問題，比如，告訴我們你當時和誰一起住、爲什麼和這些人一起住，當時公寓裡的情況如何呢？……你們當時沒有洗碗機？至少有電視機吧？

路經特別富裕或破舊的區域時，我們的臉都緊緊的貼在車窗上，奇特的景致吸引了我們全部的注意力。像是令人無法置信的瘋狂建築風格，或是絕美的古典建築風格，通通出現在同一區裡。另一種狀況則是，混雜了各式各樣的建築和生活情調的特區。比如在一處富人雲集的住宅區，別墅前停放了眾多名車，然而不管是街道上或道路兩旁的人行道，卻杳無人煙。有戶人家的房子裡，窗戶都從屋內用塑膠袋封住了，不知原因爲何；還有人養了三隻軍犬當成家中寵物，各種新奇的情景，令人目不暇給。

大都市的探險之旅，一一呈現在我們每個人獨有的心靈畫冊上。公車上最好的座位，當然是車尾最後一排的長椅，而最佳時光便是接近中午的早上（或像是，學校的教師取消學生郊遊的悠閒時刻）；一大早，太陽高掛的日子或雨天，都不適合。

旅途拉得愈長，公車上的乘客愈少。只要習慣了這種情況，你就會覺得，車上只剩下司機和我們的時候，感覺非常美好。

然而，爲什麼我們總是搭到終點站呢？爲什麼不搭個幾站就下車呢？

這是一種較爲傳統的說法：行程中最令人印象深刻的事情，大多發生在旅途結束的時刻。有一次我看到一個女孩上了車，她緊張的模樣看起來像第一次自己搭車，當每經過一個站牌時，她就會驚慌失措的跑到司機旁邊，問她是不是應該下車了？另外一次，車子經過了市郊的貧困區，我看到人行道上只鋪了幾張床墊，光天化日之下，就有人在上面沉沉睡著了。如果不是親眼看到，從前的我絕對想像不到，在自己居住的都市會有這樣的事情。

隨著時間推移，我也發現了終點站其獨特的魔力。終點站往往是功能性建築，通常由兩個以上並不樂意合作的地區交通單位合建而成，導致建築的規畫變得很差。某次，在終點站，因爲地面上沒有行人穿越道，我們只好穿過地下道，才找到廁所。而那地方除了一間廁所以外，其他什麼都沒有。爲什麼廁所這麼小的空間，不能建在公車站旁邊呢？不過，這間很難找到的廁所也有其優點：因爲不容易找到，很少人能夠找到通往廁所的道路，所以廁所裡面保持得非常乾淨！

即使在度假的時候，我們有時也會搭乘一段較長程的路段，因此會事先找些相關資料。因爲不管是在紐約或弗萊塔爾（Freital），總是會有一些我們不想踏足的角落。

我們就是這樣坐著公車，告訴對方自己發現的世界。過了一條又一條街道，我們看著店鋪的招牌，猜測這些店在賣什麼；我們看著腳步匆匆的人群，猜想他們是不是有急事待辦。

「到終點站才下車」最刺激之處在於，不管是在科隆、漢堡或巴黎，每一個角落呈現的都是截然不同的樣貌！只要我們在生活（或搭車）的時候，不要閉上眼睛睡著，就不會錯過這一切。

3.

吃零食的悠閒日

我們的孩子偶爾也到奶奶家度週末，他們很喜歡有這樣的機會，因爲在奶奶家，他們可以隨心所欲的看電視和吃零食，也可以玩電腦遊戲，還能把薯片當正餐，完全不會有人走到他們面前說：「你們現在出去外面走走。」、「房間整理好了嗎？」或是一些父母經常刁難孩子們的小事。

老實說，我們也很享受這樣的週末，就和孩子們的想法一模一樣。當孩子們不在的時候，我們也能隨心所欲的看電視和吃點零食，也可以玩電腦遊戲，還能把薯片當正餐，我們也喜歡懶洋洋的待在屋裡，不想走到戶外。

某個星期天，當孩子們到奶奶家過夜，我們就和往常一樣，懶懶的窩在屋裡，這時我們卻突然意識到：等等，情況有點不妙，我們現在的所作所爲，不就和孩子們一樣嗎？他們正在吃零食和薯片，也在看電視和打電腦遊戲。實際上，這些事我們都能一起做啊！

於是悠閒時光的點子就這樣點燃了照亮世界的光亮。

在悠閒時光該做什麼事情，我們一向能很快的做出決定，當然，如果我們喜歡的話，也可以事先做比較長期的規畫。

悠閒時光先從採購開始。通常我們都在星期五到我們喜歡的超級市場，購買所需的用品，但在採購的過程中，可以完全沒有當父母的自覺，購物車裡放了冷凍披薩和冷凍薯條。除此之外，我們還挑了紅椒、醋酸和薯條混合咖哩香腸口味的薯片。還有加了堅果、草莓優格和鹹蘇打餅乾的巧克力，然後通通丟進購物車裡。酸的薯條、義大利麵、經典QQ熊軟糖、奶油餅乾、巧克力餅乾和奶油巧克力餅乾……這些都是嚴謹的營養學家絕不會列在採購清單上的食物。

從我們採購的過程中，可以看到兩個相當顯著的事實。一、不健康的食品，售價通常高於健康食物。二、孩子們在超級市場尖叫和吵鬧的行爲，通常只會發生在別人家，尤其當其他孩子看到我們家選購的食物時，他們的情緒總會立刻失控。面對這樣的情況，我們總是忍不住笑出聲來。面對其他家長震驚的目光，卻能面不改色的人，必然擁有一顆強大的內心。

回家以後，我們又開始來來回回的討論，是否應該立刻開始享受「悠閒時光」，但原則上我們都只是說說而已，根本沒打算這麼做。與之相反的，我們（包括孩子們）享受

的是這種耶誕節般的特別感受——所有人都知道，明天，孩子們將可以享用零食。因爲對第二天懷有期待的喜悅，於是此時的晚餐和睡前的氣氛，實在令人無法置信的和諧歡樂。

悠閒假期的早晨，家裡最早起床的人，必須打開烤箱，放入小麵包。當麵包散發的香氣縈繞在公寓裡，就像最稱職的鬧鐘，喚醒了全家人。溫熱的麵包塗上堅果巧克力醬，配上一杯熱騰騰的巧克力，杯子裡還擠了一圈鮮奶油，是啟動悠閒假期的不二法門。至少對於我們這種如此熱愛零食的一家人來說，是感受悠閒時光的最理想方式。

接著，屋裡瀰漫著一股甜美的寧靜，所有人又躲回自己的房間。還睏的人就去睡個回籠覺，想閱讀的人就拿書來看，有人想聽有聲書，有人想打電動……不管怎麼樣，屋子裡的人並沒有發生很大的動靜，每個人都享受這種悠閒的氣氛。

快要到中午的時候，廚房裡傳出了聲音。有人重新扭開了烤箱的開關，加熱冷凍披薩。中餐在我們家的意義是，所有的人都必須坐在桌旁用餐，將食物塞滿肚子，直到幾乎無法動彈爲止。通常這是我們全家人共同商量事情的時間，討論的重點是：剩下的這半天裡，我們應該做些什麼呢？

不只是這樣，我們還一起決定了，在這一天的剩餘時間裡，我們要看哪幾部電影？上述問題決定之後，我們訂定了接下來的計畫，所有人抱著肚子，滾到了電視機前面，舒適的墊著枕頭，蓋上毯子，開始觀賞電影。我們觀看的大多是迪士尼的經典長片。電影看到一半，孩子們突然想到，家裡還囤積了大量的零食和薯片。我們按下了暫停鍵，每個人抓了一包自己喜歡的垃圾食物，然後回到電視前，按下播放鍵。儘管垃圾食物違反了我們日常生活的教育原則，但這一天不是平常的日子，而是例外。邊吃零食邊看電影，製造了置身於電影院的感覺。

度過了這樣的下午，我們通常會省略晚餐。看完了兩部電影，吃進了二十份的薯片、巧克力和爆玉米花以後，我們的肚子再也塞不進任何食物了。不管是胃或腦袋，全部都被裝滿了。全家人都覺得昏昏欲睡。感念父母如此大方，孩子們表達了誠摯的謝意後，就抱著圓滾滾的肚子，倒在自己的床上。

這天總帶給全家人極美好的感受，因而又過了幾天後，總有人直接發問，詢問下一次開辦「悠閒日」的時間。從那以後，將悠閒日開始的前一天訂爲「鼓勵日」，便成爲我們家的習慣了。鼓勵日那天，孩子們盡力試著表現出模範生的行爲，他們將早餐端到父母的床邊、幫貓盆換上新的貓砂，或晾曬洗衣機洗好的衣服等等。而身爲父母的我們，便在悠閒日裡，徹底忘卻自己的教育原則，作爲補償孩子的辛勞付出。

4.
摺紙

當我把我的筆電放進廚櫃裡，方便在廚房使用時，我卻發現，櫃子的門沒辦法關得緊密，也沒有插座可以用；但如果筆電在廚櫃裡，可以讓這個家具重新散發一種特殊的迷人特質，而且筆電也有地方置放。沒辦法，這就是讓舊家具適應現代生活。

廚櫃上有裝飾用的溝槽，在側面和後面各有一個。這種設計非常實用，也可以防止東西掉落。以前放在這裡的是一些漂亮的湯碗，現在，放在上面的是幾本書和筆電。書本和筆電的組合，顯得可憐兮兮，只有醜陋的實用性。

我看著眼前的一切，心裡暗自思量，我可以怎麼做呢？我先試著拿出上面的書籍和筆電，期望能將這兩樣物品，放置在別的地方。我後退了兩步，端詳了一下眼前的事物，又考慮了一會兒。

既然是想要以物品來裝飾櫥櫃，如果我按照書本的大小厚度排列上去，這樣就能改善美感的問題嗎？或者我再擺放其他裝飾品上去，那放什麼好呢？花瓶、造型燈，或是什麼呢？我想不出來了，總之，是某種物品就是了。

這時，我又將書本和筆電放回原位，繼續思考。書本和筆電之間還有很大的空位，該放什麼呢？這時我發覺兩個問題，一、目前整個空間感覺極糟；二、如果放任不管的話（和以前一樣），裡面擺放的書本數量將不斷的增加，終至雜亂。或者，將網路線等物品收進鞋盒放上去？

這時，女兒走到我的身旁，一邊說著：「我覺得好無聊喔，可不可以看電視呀？」又問我說：「你到底在幹嘛呀？」

我向她解釋了櫥櫃內部的結構窘境，她立刻提出了一個簡單可行的解決方案，我頓時覺得自己糗斃了（但身爲一個理智的父親，我不能說出自己當下的感受），她說的是：「我們來可以摺紙啊。」

摺紙？

我們要摺什麼呢？還有，什麼叫做「我們」？她嘴裡說「要摺紙的我們」，指的到底是誰？

對於摺紙的技巧，我一竅不通。孩童時期我上過陶藝課，但直到目前爲止，那辨識不出形狀的失敗菸灰缸，還擺放在不抽菸的爸媽家裡，靜靜等待吸菸禁令解除，可以發揮它應有的功用。此外，還有一隻悲傷的褐色小熊玩偶（但也可能是一隻驢子）。熊上方的牆壁上，掛了一幅水彩畫，在欣賞過這幅畫的人之中，只有我的媽媽爲我感到驕傲。

我在心裡想像了一下，如果將書本擺放在左邊，右邊放置筆電包，然後在中間放一個看起來像菸灰缸或「熊驢」的玩偶，這樣如何呢？

然後，我聽到女兒歡呼了一聲，邊跑向我，嘴裡喊著：「家裡有色紙！」

現在該怎麼辦呢？此刻，面對小女兒的熱忱，我怎麼都沒辦法說出口，我無力製作櫥櫃內部的裝飾品，因爲製作手工藝品，一直是我童年時的噩夢。

她捧著一疊色紙和一個盒子，盒裡放置了幾支已經半乾的口紅膠和不鋒利的剪刀，走到我的面前，以催促的語氣說道：「我們必須找個東西墊在下面！」

於是我拿了兩塊摺紙專用的塑膠墊過來。其實我不想扮演一個負責任陪孩子摺紙玩、避免孩子沉迷於電視節目的好爸爸；我之所以這麼做，純粹是因爲短時間內想不出一個好藉口罷了。但現在我已經錯過時機，不管想出什麼藉口，都有點太晚了，只好暗想，既然如此，不如就摺一個骰子好了，大不了摺好之後，把作品放在空位處展覽一個星期，之後再偷偷的將骰子推到後面，前面放上一個形狀狹長的綠松石色花瓶即可。

一個星期後，當我從櫥櫃裡拿出筆電時，花瓶一定會掉下來砸在我頭上，這是對我的懲罰。

女兒問我：「你知道怎麼摺出三角形嗎？」

她很喜歡摺紙，因此對她來說，這就像耶誕節活動一樣驚喜。她很高興能以過節的方式慶祝，你看，我們可以從孩子身上學習解決問題的方法！

我回問：「要怎麼摺出一個三角形呢？」

她耐心的解釋：「我們摺一個骰子和一個三角形，然後這樣疊在一起！」

「變成一個金字塔？」

她點點頭，說：「一個三角形，放在上面。」她的解釋證實了我的猜測。

我實在無法想像，爲什麼用色紙就能摺出骰子的外觀？更何況是一個金字塔？我搖了搖頭。

我問道：「你沒什麼更簡單的可以教我嗎？一開始我們不要選這麼難的。」

她點點頭，說道：「你可以做一個骰子，我做一個圓球。」

一顆球？

我問道：「一顆球？你是認真的嗎？」

她又想了一會兒，眼睛凝視著自己的紙，然後拿起筆，好像準備開始繪製自己的草稿。我深受吸引的觀察她的動作，覺得自己愛上了小傢伙，完全沒察覺時間的流逝。最後她搖了搖頭，說道：「我不知道在摺圓球的時候，怎麼才能將這些狹長的細邊塞進球裡面。」

狹長的細邊！

聽了她說的話，我突然又變回從前的小男孩，地板上堆放了眾多的紙張碎屑，手上抓著一只口紅膠。

狹長的細邊！

從前我也很喜歡摺紙！沒錯，我的回憶都回來了！

雖然現在我已經忘了所有的細節，但是從前的感覺又回來了。我記得當時自己全神貫注的剪著手上的紙，然後黏貼這些紙張，完全沉浸在自己的世界裡。

女兒問我：「還有什麼形狀呢？」

我費力搜尋腦海裡已經遺忘了的知識，然後回道：「長方形、圓柱形和錐形。」

「五角形！」她驕傲的打斷我的話，說道：「我要做一個五角形！」

「多角……八面……還有……」（在這段期間，我查找了資料。對了，比如五角大廈，原本我已經也能想到五角形的！）

「好厲害！」我說道：「但我們不是想從簡單一點的圖案開始嗎？」對於摺紙這件事，我考慮的重點是自己而不是她。

她用已經鎮靜許多的口吻告訴我：「首先你得畫出骰子的方格網，每個邊的長度必須一致，最後剪下這些方格。需要我告訴你小訣竅嗎？」

我點點頭。

「我先在紙張的邊緣留下所有的狹長細邊，然後剪掉不需要的部分。」隨說即行。每個方向都有四個正方形，剪下三個不需要的邊，留下了大量的狹長細邊。

當骰子的形狀出現在我面前的時候，我立刻抓起了尺和剪刀，沿著摺出的稜線畫出深深的虛線。她的視線暫時離開自己手上的正方形，抬起頭來看著我說：「這麼做很聰明。接下來你就能輕鬆的摺出一個骰子了。」一直到了這個時刻，我才意識到，自己在做什麼。這是一種下意識的反應，來自於我早已失落的摺紙童年！

骰子和六面體成功的融合了。因為有了成功的經驗，這次我們準備摺一個圓柱體

（也就是一個圓形），後來我確實也摺出了一個「五角形的稜柱」：這是五角大廈的標準圓柱。

我畫出了一個很寬的長方形，在上下的兩條線上，以同樣間隔距離的點，標示上下側邊，接著畫出與之大小相近的圓形蛋杯，留下眾多的狹長細邊，最後整個桌面便積滿了碎紙屑。

我瞄了旁邊一眼，發現女兒繪出了相連的五個狹長長方形，然而想要繪出五角形的標準角度和長度，其實很難（我已經知道自己爲什麼想要摺圓柱體了。）我們苦思冥想了一會兒，然後開始測量、繪製，並在每個線條上進行蝕刻的動作，一邊還開心的大笑，直到我們覺得手中的成品看起來確實很像圓柱體爲止。

當我手勢平穩的將圓形底部旁邊預留的狹長細邊一一塞進管子，女兒正專注的做出紙上的凹槽。我興奮的察覺到，女兒已經預先蝕刻了所有的凹槽。

這時，我的指尖已經黏在管子的外部上，如果不經過強力的破壞，便再也無法做任何修改了。而坐在我身旁的女兒已經證實了，一個圓形的底大小剛好，另一個的尺寸略微有點差異。「我們可以輕鬆的轉向裡面。」我向她透露了人類文明中，最具創造性的成功祕密：大膽的隱藏自己的笨拙，希望沒有人察覺到這個小小的缺陷。

我們用手指幫助對方完成3D立體圖形，等待口紅膠乾燥期間，將摺出的作品堆在硬紙板上，然後清洗雙手，收拾口紅膠、剪刀和墊子，將碎屑掃成一堆。對於最後的整理成果，我們都很滿意。

你知道嗎？櫥櫃上方原本在書本和筆電之間的空位，現在已經被挪做他用了，變得不再整齊，就像希臘神廟的廢墟一樣，裡面放了一個深藍色的骰子、綠色的長方體、黃色的五角稜柱和一個淺綠色的圓柱。放這樣好看嗎？唔，這是觀感問題，每個人都有自己的看法。每次經過櫥櫃的時候，我們兩個人都不由得露出會心一笑。這是我們兩人共同創造的作品，我們不僅改變了世界，還爲自己感到驕傲。

這幾個幾何立體圖形之所以被擺在那個地方，是因爲我們也將孩子們畫的駿馬圖掛在冰箱門上，並且告訴他們：「你們畫得非常好。」

駿馬圖、樹屋和3D立體圖形都是傑作，必須在廚房佔有一席之地。它們彰顯了我們的能力，我們成長和學習的過程。

她向我透露了狹長細邊的祕密，我也非常感謝她，讓我喚起幼時在午後時光摺紙的快樂回憶，不再永無止盡囿於在教堂地下室上陶藝課時，所感受到的難堪回憶。

之後，當我仔細觀看自己那隻褐色老熊時，覺得牠根本沒我記憶中那麼醜，或許因爲牠對自己的身分認同受到了挑戰吧！話說回來，難道我們大家不都是這樣嗎？

5.
動力火箭

在這秋高氣爽的好天氣裡，樹葉披上繽紛的彩衣，秋陽努力將一年最末的炙熱陽光照耀大地，地下室裡的風箏也蠢蠢欲動了。

誰不喜歡放風箏呢？每逢週六陽光普照時，那座有著大草地的公園往往擠滿了人，連熱氣球和救生直升機也不時從上空飛過，因此我們早早出門，把該帶的都帶了：穿在爛泥地走的塑膠靴、塡飽肚子的營養餅乾，當然也少不了風箏。幾天前我多買了些風箏線，希望享受放長線讓風箏飛翔的人間至樂。在前往公園的路上，我告訴孩子們，數百年來，風箏在中國一直是幸福的象徵，從前中國人總是讓風箏飛到最高處，再將風箏線割斷，讓所有的煩惱隨著風箏消逝。

另外，我還說了我幼時一只龍風箏的往事。那只風箏上畫有一條龍，但某次因爲我沒有抓好風箏線，風箏就飄走了。當時我不知道，這麼一來我的憂慮也會隨風箏飄逝，因此我開始嚎啕大哭。不過那只風箏並沒有飛多遠，只是卡在距離草地一百五十公尺處的樹木之間，並且在一九八〇年往後的日子裡從樹梢間注視著我，令我每每痛哭流涕。

「我們知道啦，爸爸，這件事你每年都會講一次啦。」唉，要不是我已經老了，就是失去風箏太過刻骨銘心，以至於不知不覺中，我不斷想要在同樣的悲劇上演前，就爲他們做好心理建設。「我告訴你們，『Drachen』是指我們在公園裡放的風箏，而『Drache』則是一種傳說中的動物，所以我的龍風箏（Drache-Drachen）才那麼特別！」

「這件事你每年都說，已經變得不好玩了啦。」要說孩子們有什麼本領的話，大概就是糗自己的爸媽吧，但這招可不是我教的。

才剛抵達公園，我們就發現萬事皆備，只欠東風。老實說，沒風的時候放風箏可以大大升級運動效果，我們必須不斷的奔跑奔跑再奔跑，並且汗流浹背。但沒有風怎麼能放風箏呢，根本飄不起來，令人感到很窘，還要不時舉起舔溼的手指頭，測看看自己有沒有搞錯風向，但又常常被過長的風箏線纏住。

最後我們只好棄械回家。而氣象報告也說，這個週末都不會有風，天啊，整個週末耶！原先計畫要做的事無法執行，兩天也會變得極爲漫長。

孩子們抱怨著：「那現在到底要做什麼呢？」唉，我不是說了嗎，小朋友是很會戳

人痛處的。

「我們來做點真正驚險的事吧！」話才出口，我內心就開始懊悔，還能聽見心內懊惱的OS：要三思而後言哪！

結果我聽到孩子們說：「一定要！一定會特別刺激。老爸你想做什麼？」

「欸欸欸欸……」我故意製造緊張氣氛說道：「我們就……」糟糕，快想點什麼呀！「我們可以吼……」其實我腦袋空空，還沒有靈感，「做一個欸欸……」孩子們都停下腳步，一臉期待的望著我。哦，老天，這簡直是沒準備好禮物的耶誕節嘛！萬一我掰不出來，他們一定會生我的氣的。還好我終於想到了一個點子：「……我們可以做火箭。」

「你說的是眞的火箭？」

「對，一個火箭，一個需要這種沒有風的天氣，才能筆直升空的火箭。」至於這種火箭該怎麼做，我完全沒概念。

「你知道這種火箭要怎麼做嗎？」啊，小朋友的問題總是能切中要害。

「還不太清楚，不過我知道哪裡可以找到做法。」大約一年前有人送我一本書，內容就是教人如何用瓶子做火箭。我一直想仔細研究，這下機會來也。不過，我得先把書找出來才行。

回到家，把風箏放回地下室，我開始展開搜尋行動。不多久，我就像捧著聖杯般高舉著那本書，呼叫孩子們過來：「秋天的火箭節，開始囉！」

我們把書翻開來攤在餐桌上，大夥兒都湊過來，尋找最簡單的模型。首先，我們把家中已有的物品列出清單；再把家中沒有，但製作火箭不可或缺的物品也一一列出。第二份清單稍微長些，還好 DIY 商店還開著。

我們挑選的火箭模型，運用的原理很簡單：往一只裝了部分水的塑膠瓶打氣，直到瓶中物體承受的壓力大到不能再大，這時將瓶塞打開，氣壓就會把水推出瓶外，而水的反作用力便會推升火箭。說穿了，不過就是運用牛頓第三運動定律罷了。

眞正的太空火箭也是運用同樣的原理，只不過靠的不是水和空氣，而是一種威力強大許多的動力燃料。可惜在這麼短的時間內我們無法取得這種燃料，何況我們家附近的DIY商店某些商品分類非常紊亂，如果你問那裡的店員固體燃料在哪裡，他們就會叫你去賣壁爐薪柴的那一區找！

我們先在家中預備一個容量1.5公升的空汽水瓶，黏上三個小尾翼，好讓火箭能穩定飛行。至於火箭末端的做法，則是把一顆泡沫塑膠球對剖開——沒念完就中斷的科學知識在這裡正好派上用場——再用寬膠帶固定在瓶底。至於自行車內胎連同上頭的氣嘴則正好充當瓶塞，塞住汽水瓶口。

接著，只要將粗鐵絲拗成合適的形狀，就成爲好用的火箭發射器了：粗鐵絲一部分將帶氣嘴的內胎做成的瓶塞固定在瓶口，另一部分則充當插銷，綁上一條長繩，以保持安全距離——如此這般，只要將瓶身上的插銷用力一拉，火箭就升空了。

午後，孩子們竟然沒有早早和朋友相約外出遊玩，倒是頗令我感到意外，也許他們也不太相信火箭眞能成功發射吧！世上哪有比見到自己的爸爸上演溼身秀更棒的事呢？

接下來，我們帶著火箭、幾只裝著水的瓶子和我們的替代性動力燃料、發射器和一具自行車打氣筒再度朝公園挺進，在那裡找了一處較偏僻的位置，爲發射火箭做好準備。火箭已經裝好三分之一瓶的水，用內胎瓶塞堵住瓶口，粗鐵絲發射器已固定在瓶頸處並且插上插銷，而自行車打氣筒也套在火箭氣嘴上了。我們將火箭的泡沫塑膠球那一端朝上，放置在發射臺上。

沒想到這些步驟進行得相當順利，彷彿我們已經演練過上百遍了。一種自信感開始蔓延，而充滿自信往往相當危險。我們認爲一切都安排妥當了，於是開始打氣。起初還相當輕鬆，但隨著瓶內的壓力持續增大，打氣就愈來愈費力。最後打氣筒顯示壓力指數已經到了，倒數計時的時刻來臨。

我們和火箭保持一段距離，由年紀最小的人負責將發射器上的插銷拉開，啓動火箭。大夥兒一起從十開始倒數：九、八、七。我女兒全身肌肉緊繃。六、五。大家都屏住氣。四、三。我放了屁。

「爸爸！」

「對不起，我太緊張了！」

二、一，發射！

不動如山。

「你要拉繩子啦！」

我女兒拉了拉。「我拉了！」

還是不動。

「等等！你們都別靠近火箭，瓶子裡壓力很大，非常非常的危險，讓我來！」還是那個老問題：三思而後言。

我慢慢走向火箭，發現粗鐵絲有點勾住了。我抓住繩子用力一拉，瓶身上的插銷彈開，壓力將氣嘴瓶塞衝開，發出響亮的「呼呼呼呼呼噓噓噓噓噓噓噓」，瓶身也向上衝。而與此同時，我也像是淋了浴，因爲當水從瓶子裡噴出時，我所站的位置恰好不偏不倚，讓我接受這場「洗禮」。

「再來一遍！」孩子們高喊。直到今日我依然不確定，他們究竟在高興什麼：是火箭眞的發射，還是他們的爸爸淋成落湯雞了！

6.

腳踏船遊記

暑假到了。

是誰想出這個點子的：小朋友一年得放假十二週；而如果情況允許，爸媽卻只能休假六週，實在愚蠢至極。

我知道了，如果六週由媽媽照顧小孩，另外六週由爸爸接手，這樣可以避免爸媽共同帶小孩的時間過多，以降低離婚率。

但這麼做並不正常。

暑假到了，輪到我上陣了。

該做什麼才好？我這當爸爸的開始恐慌。儘管我擔任三個男孩女孩的爸爸已有多年了，我依然不時感到：到底自己在做什麼呢？媽媽絕對做得好多了！

是基因使然嗎？是我比較誠實看待自己的恐懼嗎？是我社會化不佳，或者是好逸惡勞嗎？

可以確定的是，就算孩子們一整天，甚至好幾天都由我帶，最終（往往）也不會有人慘到流鼻血，而大家也能吃飽飽的上床。看來我也辦得到。

可是我總是懷疑自己做得好嗎？媽媽是否會做得較好？世上有所謂「較好」或「較差」的爸媽嗎？（好吧，當然有。那些用鏈子把自己的小孩綁在地下室暖氣上的父母，顯然是「較差」的爸媽，幸好此刻我心裡所想的並非這樣的父母。不過，我是否提供我們的孩子足夠且適齡的腦神經刺激，與恰當且均衡的飲食？我是否遠遠不及坊間親子教育雜誌提出的最低標準？）

總而言之，我必須想想辦法，否則一天就不好過了。

我們居住的城鎮發行了假日活動推薦手冊，上頭除了建議「腳踏船」，還推薦許多其他活動。但基於某種原因，我們家的孩子獨鍾腳踏船。也許是因爲他們曾經和奶奶一起玩過（小時候，她就老愛逼我划船，說「你一定會覺得很好玩的」。這又證明了立意良善的父母，其錯誤決策雖然總讓人無所遁逃，孩子們仍想盡辦法躲避——而慢慢的我也開始相信，這種霸佔童年每分每秒的超級要求，背後都有兒童心理學家同業公會在贊助。）

外頭天氣良好，冰箱裡還有一些飲料，桌上還有防曬霜，所以，去玩腳踏船吧！

我們家假期中的孩子們醒來後，對我的計畫並不太熱衷：「去郊遊？哦……」

「你們不是想玩腳踏船嗎？」我既困惑又沮喪。我本來已經在腦海裡籌劃好一切了。

「玩腳踏船，好。可是不要遠足，遠足好麻煩喲。」

「可是我們又沒有自己的船塢和腳踏船。」

「好好好吧——。」

我差點就想規定，不准看電視、不准用手機、不准用電腦，讓他們過個超級無聊的一天，讓不想遠足的人嘗嘗苦頭。但我也深知，這麼一來我受的內傷會比他們更重。沒有3C的無聊時光於孩童有益，但我這當爸爸的卻得處於最佳狀態才應付得來；這個教訓我已經謹記在心了。

我不急。今天天氣不會太熱，而我們待在水上的時間大概不會超過兩個鐘頭，所以不急著出發。理論上，最棒的遠足不該佔據一整天的時光，這樣才能爲生活留下喘息的空間。

先吃早餐，接下來不管親愛的小朋友們想不想知道：今天我們就是要玩腳踏船！我懶得在麵包上塗東抹西，這是我這懶人在暑假裡的一大奢侈。如果我沒有攜帶正式餐點，那麼幾小時後我們就得班師回朝，而這也正是我的希望。當男人有時也有好處，換作是老婆大人，在這種情況下她肯定會考慮「快快」準備一份令人食指大動的藜麥沙拉，而我卻只是把幾瓶飲料扔進行動冰箱，放上保冷物品，這樣遠足的行李就收拾就緒了。

關於擦防曬霜總能讓我有諸多矛盾，我這輩子幾乎不曾爲了保護孩子的皮膚不被曬得發紅而塗抹足夠的防曬霜，所幸萬一他們將來得了皮膚癌，我至少可以宣稱，我已經盡力而爲了。

我們開車前往船艇租借中心，那裡已經開始營業了。我有一項優異的稟賦，就是謹遵古法，絕不事先上網確認，所以我們經常站在「上次它還在這裡」或是還沒開／已關閉，或者老闆去度假的店家門前吃閉門羹。在暑假的大白天裡，這種情況儘管不利於店家生意，但誰曉得呢，也許店主人上過自我探索課程，學到了要傾聽自己內在的時鐘，別受市場壓力擺布。

總之，租借中心開著，而且還有船出租。我們的電器用品都留在車上。雖然我連行動冰箱都忘在車上了，但微風輕吹，我們應該不會口渴的。（您瞧，孩子們的媽永遠不會這麼想，雖然事實證明她的想法沒錯。）

我們留下汽車鑰匙當作抵押，我覺得這個辦法挺實用的。如此一來，至少可以確保這件高科技產品不會碰水，也不會從我的褲袋裡掉落水中。

對我們家孩子而言，玩腳踏船的意思就是我踏，他們坐船。這樣當然不行，所以我踩踩踏踏，等來到陽光照耀的湖心便收工。我把墨鏡調正，背往後一靠。感覺上享受了1.5秒的美好時光，緊接著各種問題紛至沓來：「船怎麼不動了？」「我好熱哦！」「我要餵鴨子。」「飲料在哪裡？」

協商的結果是，由孩子們輪流踩踏，而我——因爲我身強力壯——所以得一路踏到底。我不得不承認，這些小鬼還挺有謀略的。就這樣，我們悠閒的遊河，河畔柳枝拂動水面，踏輪哼哼唉唉的推動著我們前進，光與影玩捉迷藏，而樹木形形色色的姿態也極爲賞心悅目。人在水上，時光彷彿也變慢了，時間的步調也變得和我心中的步調一致。

我們一路踩踏，時而閃避迎面而來的划艇，時而測試小橋回音能力的強弱。當我們見到左側水面上有數百隻小動物拂掠而過時，爲了瞧個仔細，大夥兒七手八腳的想聯手來個大回轉。結果我們學到的教訓是，要讓腳踏船倒退很難，而且不好控制。還有：每當我想指導大家該如何操控讓船倒退時，我的指令卻錯誤百出；經過事實驗證後，孩子們都因爲發現了爸爸有多蠢而開心無比。

對了，剛剛說的那群小動物是水蚤。

在我們第二次，且不是那麼費勁的回轉後，我們發現，舉凡陽光穿透樹葉間隙落到水面上的光點處，就有水蚤。

水上的垃圾、塑膠袋和啤酒罐總是令我們大感憤慨。這一路上，我們見到了在近岸處遊樂場上嬉耍的小朋友，開心的看著一隻在淺水處激動追逐其他動物，把水甩到大家身上的狗兒。另外，我們還穿過低垂的枝椏，觀賞幾乎連根拔起的巨木，越來越有默契的一起歡笑、同時緘默。

每逢調換位置時，船上就會有人大力晃動，大夥兒就發出興奮中夾雜著恐慌的尖叫聲，彷彿是在玩慢動作的雲霄飛車。這項活動的娛樂指數其實低得可笑：座位不舒適，想下水游泳的話水也不夠潔淨，辛苦工作還前進不了多遠，根本是骨董級的活動。在我小時候，玩腳踏船就已經相當普及了。儘管有許多不酷的地方，但你完全了解接下來會發生什麼，並且能完全掌控。如果你把船舵右轉，船尾的橡皮帶就會把槳往右帶，於是船就會右轉。你踩得快，它就動得快，簡單又明瞭。

此外，和划船或駕駛風帆相比，玩腳踏船也較爲輕鬆。它不是那種必須證明能力的運動，你有點忙，忙得恰好讓你悠閒感受時光的消逝，又不致覺得無聊。

我們見到幾隻還有點毛茸茸的小鴨子，牠們跟隨我們的船游了一陣子。我們朝在步道上漫步的人揮手，而他們也朝我們揮手致意。我們隨著岸上野餐的人收音機播放的歌曲哼哼唱唱，也試過調整船上座椅屈指可數的幾種位置，還試過光腳踩踏是否比較舒服。我們探討樹木、灌木和人生，互相提出各種問題。就算我們不知道答案，也沒關係。不知何時，我們調轉回頭。我也不知道我們上路多久了，人生本就是一條平靜的長河。「船老闆怎麼知道哪把鑰匙是我們的？」一個孩子提出這個問題。一個我也不知道答案的問題。

也許我該自稱是保時捷大叔，瞧瞧結果如何？但開著只有兩個座位的跑車，我就無法載送孩子們回家……

我們靠岸，把船繫好，感到舒暢無比。剛抵達這裡時，大家都嘰嘰喳喳的又吵又鬧，每個孩子也都四處亂跑。現在他們卻平靜、從容的站在我身邊。

船老闆還記得我們的鑰匙是哪一把。在古老又美好的類比年代，事情就是如此簡單。在開車返家的路上，我們繼續聊著五四三，談學校裡發生的事，談童年，聊人生。

暑假比爸媽的假期還長，也許不是那麼糟糕的事。這種教育政策雖然有瑕疵，但我們卻享受了美好的一天，無意中化腐朽爲神奇。

直到我們下車，每個人都從儲物格拿出他們的3C產品時，我才想到在水上時沒有人特別想念的東西：網路和電話。暑假爲我們上了一課：三個小時沒有手機，沒有e-mail，沒有社群媒體，只有鋪陳在我們面前的，單純又直接的世界，這是可行的。

「明年暑假，」孩子們說，「我們還要再玩腳踏船。」——而且完全沒有3C產品相伴。

7.
森林夜遊

每當我想稍微靜一靜，享受獨處時光時，我只要說「去遠足吧！」就行了。

突然間，所有的孩子就會有非常重要的事需要處理，比如自動自發去寫作業、澆花、整理地下室等等，好逃避出門。這種心態我能理解，遠足和夏天外出散步一樣，都是超級無聊的事。如果是爲了從甲地移動到乙地而走路，這完全沒問題——儘管我認爲騎自行車更好，如此一來不但較輕鬆，也較快速。

可是，誰會自願從甲地走到甲地？直接待在家裡，豈不是更快就達到目的了，幹嘛花功夫？而且在極端情況下甚至得步行好幾個小時，只爲了讓自己最終再回到原點？

有趣的是，如果我是在日落前後不久說：「我們去遠足！」這句話的效果就截然不同，甚至具有神奇的魔力。孩子們覺得去森林裡夜遊好玩極了，也許是因爲夜晚的世界變得和白天完全不同；而沒了光線，我們所熟悉的環境也會變得既陌生又恐怖，夜遊絕對能激發我們的探索與冒險本能。何況，夜遊可以不必八點上床，可以多玩好久，這對我們家小朋友絕對是大大的加分。

所以每當我在傍晚時分宣布：「今天我們去遠足！」很快氣氛就變得相當熱絡。我們得帶什麼？我們會在森林裡過夜嗎？可以帶弓箭去嗎？

說起射箭這件事，雖然我們沒有刻意讓太多武器陪伴子女成長，而是採行和平主義，偏偏在我們家三個孩子裡，就有一個具有明顯的傾向：等到具備資格了，他就要申請持有武器許可證去狩獵。起初我們覺得這種想法挺怪的，如今我們認爲，在我們家族裡除了幾名學法律的，如果多出一個會用武器的人也無妨。

而在擁有自己的槍械之前，兒子則致力於精進他的箭術。八歲時他就想知道：「我可以去獵兔子嗎？在公園裡，用弓箭，這樣可以嗎？」

我們考慮了一下，認爲他反正射不中，於是說：「當然可以，去吧。」何況他的塑膠箭前端還加了一個圓形的小護墊，絲毫不具殺傷力。天氣極佳，於是我們便一起去散步——帶著弓和箭。一見到兔子，兒子立刻彎弓射箭，結果沒有人（特別是兔子本身）預料到的事發生了，那支箭正中兔子屁股。在場所有人，包括那隻兔子，都目瞪口呆，兔子也氣呼呼的跳走。而打從那一刻起，我們的兒子便相信，不管什麼時候他都能養活自己，這對提升自信心倒是有點好處。

「啊，不要帶啦，我們要去夜遊，你還是把弓箭留在家裡吧。烏漆抹黑的，又看不到箭射到哪裡去，這樣箭就會搞丟了。還有，你別擔心，我們會帶吃的。」

我們在背包裡放了好多水和口糧，另外還帶了睡墊、睡袋、手電筒、望遠鏡和蝙蝠偵測器，這種偵測器讓我們可以聽得見蝙蝠的叫聲。蝙蝠是利用回聲獵食的，可惜牠們發出的超音波頻率太高，我們人類聽不見。總之，蝙蝠偵測器其實就是把超音波轉換成人類聽得到的聲音。

準備就緒，接下來就是等待天黑了，而在溫暖的六月天，這可是需要一點時間的（譯註：六月的德國要到晚上九點過後，天色才全黑。）太陽下山後我們便出發，幸好住處附近的公園和一片頗大的林區相連。才剛抵達森林，我們就見到空中飄著許多綠色光點——螢火蟲！

「我們本來不必帶手電筒的，」說著，我女兒已經開始捉起螢火蟲了，而現在也是野餐的好時機。

「晚上來森林，真的很危險嗎？」孩子們問。

「我應該帶弓箭來的，」兒子也表態道：「這樣我就可以保護大家了。」

「不會，」我要他們放心。「森林裡並不會特別危險，大部分的動物都怕我們，牠們

一發現我們，就會趕快逃跑。除非遇到帶著小豬的野豬媽媽，那我們就得避開牠們。」

「那壞人呢？」

「哼，晚上的時候，壞人不太可能在森林裡出沒，他們會在市區裡做壞事。」我試著安撫自己，因爲我自己也有點惴惴不安，看來我恐怖片看太多了。

「森林裡只有我們嗎？」大大的眼睛望著我問。

「說不定我們會遇到在這裡慢跑的人，可是他們也很害羞，通常會趕快跑掉。」我當然盼望，我們能見到鹿，或者至少見到一隻狐狸。不過如果我們繼續吵鬧下去，所有的動物就眞的會遠遠避開了。

我們帶著野餐用品，朝附近的小池塘挺進。當我們抵達那裡時，四周的色彩都已消失，只有天上還微微閃爍著極淡的深藍色。我們在池塘邊坐下，看著塘心的天鵝。

「牠們在那裡做什麼？」

「天色暗了以後，大多數的水鳥並不在岸上睡覺，而是在水面上，這樣比較安全，因爲狐狸不容易過去——除非牠們租了腳踏船；但我還沒聽過這種事啦。」

「哈哈哈，超好笑的，爸爸！」

我們靜靜的坐著，水聲潺潺，蟋蟀唧唧，空中有物體在飛。「我還以爲，晚上鳥兒也會睡覺的。」女兒指著在空中以「之」字路線來回飛翔的一群怪鳥說。

「我想，那些不是鳥，是蝙蝠。」

很快就有人拿出蝙蝠偵測器，緊接著小型擴音器裡就傳來了蝙蝠的咯咯叫聲，聽起來彷彿是一九七〇年代實驗性的合成音樂。

「這就是蝙蝠的聲音嗎？」孩子們問。

「嗯，欸，不完全是啦。這個機器就好像你們把手指放到黑膠唱片上，讓播放的速度變慢。最棒的是，這種偵測器不過才出現了二十、二十五年，在這之前，蝙蝠的聲音是只有極少數人才知道的大祕密呢。」孩子們都覺得好稀奇。我們在岸邊又坐了一會兒，一邊觀賞各種動物，接著繼續上路，往森林深處前進。

這時天色已經全暗，我們幾乎找不到幾天前我挑選的過夜地點。那裡位在森林中央一處小小的空地上，有幾株倒下的樹木，樹幹可供我們舒服的坐著，也可以當成很好的靠背。我原本打算，我們可以在那裡過夜的，但我們在灌木叢之間有點迷路了。還好除了我以外，孩子們並沒有發現這一點。好不容易抵達那裡時，已經將近午夜了。我們把睡墊鋪好，鑽進睡袋裡。

當你靜靜待在森林裡時，就會突然發現，大自然有多麼喧囂。不時從某個地方傳來樹枝斷裂的卡嚓聲、沙沙聲，而貓頭鷹也忙著互通訊息。我們家么兒開始感到害怕，並且開始懷疑夜間在森林裡行走到底是不是個好主意。我們低聲訴說著在野外生活的趣事，而當我們感到氣溫變冷時，大家擠得更緊，最後全都默默不出聲。

「不要那麼大聲喘氣啦！」兒子說。

「我才沒有！」可是我也聽到急促的呼吸和喘息聲，而且聲音愈來愈響亮，也愈來愈靠近。

「爸爸，那是什麼？」我忙著找手電筒。「等等，我想，這應該是——」我打開手電筒往地下一照。果然沒錯，在距離我們幾公尺的地方，那個傢伙正在矮林間吃力的穿梭。「一隻刺蝟！」

「好可愛哦！」女兒高喊，這是她這輩子第一次見到眞正的刺蝟。那隻刺蝟不喜歡燈光，倏的就消失在黑暗中了。

我關掉手電筒，而不久後，三個孩子也都入睡了，我卻睡不著。在森林裡過夜遠比我想的更令人緊張。

隔天一大早我是最後一個醒來的，一睜開眼睛，我就見到兒子的臉龐出現在我眼前。他食指按著嘴唇，沒有出聲，只是稍微把頭往左轉。我朝另外兩個孩子也在張望的方向看過去，那裡，在這片空地的另一頭，林木較濃密的地方，果眞站著一頭正在啃食林地青草的鹿。我眼睛眨都不敢眨，能夠看到鹿，實在太幸運了。我們幾乎不敢喘息，深怕會將牠嚇跑。這時鹿抬起頭來朝我們的方向張望，隨即一溜煙跑掉了。

「爸爸，你把牠嚇跑了啦！」

「抱歉，不是我，是我的肚子在叫。我們要不要回家吃早餐啊？」大家收拾好行囊，輕手輕腳的上路。當我們走出森林時，太陽也剛好升起。

8.
花園小屋

某個炎熱的夏日午後，我突然閒不住想做點事。我們家的花園小屋已經破敗了好幾年，去年（或者已經是兩年前的事了？）我進來拿割草機時，還踏破了小屋的木地板。再說，這陣子我老覺得工作上進展不佳，來點體力勞動恰恰好。「你們有人願意陪我拆除花園小屋嗎？」我如此詢問，孩子們則不解的看著我，說：「可是，要先把裡面清空呀。」

孩子不笨，他們用一句：「以後再說吧，爸爸。」就擺脫我的任務了。

想當然爾。

我滿懷壯志，先從地板上的破洞著手。園藝工具、老舊的花盆、尚未用完的草肥以及各種重要工具必須先「搬家」。期間我有兩次差點摔跤，於是我開始尋找一片木板，好暫時蓋住地板上的破洞。不久我便頂著滿頭蜘蛛絲，站在花園小屋最後方的角落裡咒罵，幸好最後小屋總算清空了；看來我還是辦得到的。

有一次，我們家屋牆邊出現了一張孩童臉龐，那張臉瞧了瞧我的工作，隨即消失不見。我看得出來，那張小臉上流露出佩服的神情。

持續熱情奮戰，現在輪到鐵撬上場了。之前曾有雨水下進小屋，小屋中瀰漫著黴菌和腐木味，我估計拆起來應該不致於太難。果不其然，在最脆弱的部位我輕輕鬆鬆就撬掉了三塊木板。只不過，在撬起有許多釘子的第三塊木板時，我的下手臂被一支釘子刮傷了。

疤痕令人性感。

但我還是打算當天就查看我的疫苗接種紀錄，了解我的破傷風疫苗情況如何。

從第四塊木板開始，樂趣逐漸下降，我覺得自己彷彿是「三隻小豬」裡的大野狼：「大野狼用力吹啊吹，卻吹不倒第三隻小豬的屋子。」我狠狠的劈呀砍呀，砍得碎木屑噴濺，木板破裂，我的上衣也被汗水濕透。這樁任務既帶來挫折感，又帶來深深的滿足感。劈啪劈啪、嘎吱嘎吱，收音機也扯開嗓門狂吼，而在久久沒有任何孩子過來關心之後，突然一聲尾音長長的「哦哦哦哇！」更是令人精神一振。

小屋一側裂開大口，遍地散置著木板，我的頭髮也緊黏在腦袋上。爸爸成了狂戰士，這可不是天天上演的戲碼。這一次我非常篤定，孩子們的反應若不是佩服，至少也是讚嘆，更可能是二者兼具，外加些微的驚駭。

不知何時我靈機一動，把鐵撬翻過來，用鐵撬頸部敲打木板。可惜這招不管用，一個衰運上身，鐵撬脫手而飛，我也學到了新的一課；還好沒打到孩子。

又過了一會兒，我發現先前拆下來的木板扔得不夠遠，現在我已經沒有空間工作，必須先將所有的廢棄木板搬移到右邊兩公尺外的地方。

還有，屋頂該怎麼拆？搬一把梯子過來，將木板一片片拆除？我覺得這樣太費功夫，因此我開始拉扯剩餘的部分，結果部分屋頂果真如同薑餅般，絲毫不費力就拆將下來，而味道聞起來也有點像薑餅（我本人並非薑餅迷）。

等到我把將近半間的小屋分屍，並且倒退幾步欣賞自己的傑作時，我才想到：這些滿是鐵釘的廢木片該如何處理？我可不想開車將它們送往資源回收場。

但事已至此，就算想把計畫延到明年夏天，也已然太遲了。

「哇！」另一個孩子發出一聲驚呼，並且在工作繼續之前就開溜了。

我考慮用斧頭劈砍小屋最後的部分，但老實說，我又很擔心會砍到自己的腳。萬一惡夢成真，我之前建立起來的幹練形象豈不毀於一旦。

罷了，還是繼續用鐵撬吧。弄斷鉸鏈、砸破木板，而在你完全料想不到的位置，偏偏出現了頑強的螺絲釘。我汗水淋漓、渾身髒兮兮又沾黏著蜘蛛絲。當我小心翼翼的將四分之一的地板抬高時，我終於可以確定，我們家花園小屋底下並沒有老鼠窩。這讓我鬆了一口氣，因爲我實在不知道，面對一隻氣沖沖、無家可歸的老鼠時，我該如何是好。

最後只剩小屋一角還矗立在原地，我身體往那裡一靠，想把最後的木頭地板撬開，結果失敗，我反倒連同那片邊牆和最後幾片地板木片跌在一旁的廢木堆上。在我那向來以大意著稱的脊椎加持下，我居然沒有摔斷脛骨，實在是很走運。

我掙扎著起身，打量著這片戰場。原來花園小屋三倍大小的地面都堆放著碎裂的廢木料，彷彿有巨人收到了切草機作爲生日禮物。我四處張望，不知該如何是好。

這時隔壁鄰居也來到籬笆前，親切的詢問：「現在要放火燒了嗎？」

「我以爲復活節時才能這麼做。」

「如果有鄰居不喜歡，再把火弄熄就好了。」

不曉得他說的對不對，不過這番話倒解釋了，何以每隔幾個月，這位鄰居就會在自家庭院後方燃起一小堆柴火。看來如果我把這些木料燒了，他顯然也不會有怨言。

我瞅了瞅我造成的災難。不知從何時起我完全亂了步調，許多廢木料顯然太過龐大，根本放不進後車廂，何況我壓根兒就不想把這些廢木料搬到屋子的另一頭。

放火燒。嗯，這主意不錯。我抬頭仰望天空，萬里無雲，看來不會下雨。

我心不在焉的把幾塊木板踢成堆。該怎麼燒呢？在戶外燒？如此一來，會不會把鄰居家長過來的冷杉枯枝也燒了？我們家花園小屋的前一任主人爲它上的漆是否有毒？還有，這麼一來，我們家外牆會不會被煤煙燻黑？

太多有趣的問題有待解答。另外，這裡草皮長得不夠密，而我不知何時聽人說過，灰燼是絕佳的肥料。

在亂七八糟的廢木料堆中，一株蕨類植物頑強的挺立著，大部分的葉子都被扯掉了，但底部的團塊卻絆了我不下六七次。眼前的景象促使我當機立斷。報紙、點火槍、打火機，可行。眞男人不會猶豫太久，會馬上動手。

過了一會兒，我向孩子們宣告：「快來呀，我放火囉。」

起先他們難以置信的看著我，接著紛紛跑來查看並且大感佩服。他們的目光從火焰轉到我身上，隨即又轉回火堆，我笑得心花怒放。

「火焰離我們家會不會太近？」提出這個問題的孩子，房間正好在這一邊。

「有可能吧，」我怏怏的承認，同時把廢木料移到火舌碰觸不到的地方。我用兩塊木板把起火點推離我們家遠一點，但又盡量避開冷杉枝椏。接下來就是抒發情感的時刻了。

暮色四合，我拿起一片木板朝著燃燒中的廢木堆搧風，火堆吸進氧氣，火舌竄得更高，而孩子們也早就把椅子搬來坐好，他們的笑容和橘色的火焰令我龍心大悅。最後剩下的小屋邊角我不再拆解，直接扔進火堆裡。火勢先是差點熄滅，但隨即又燒了起來。

孩子們開始唱起歌來，後來我還拿出我的吉他，彈起我不需看譜就能彈的那兩首半的歌曲。

一隻蝙蝠從我們頭頂上方掠過，這時我們才察覺，原來在我們家附近竟然住著蝙蝠呢。我們著迷的注視著牠突兀轉向的飛法。儘管這種城市裡的小型生物頗令我興奮，孩子們卻擔心會被吸血鬼咬到。

我們就這麼坐著，默默的各做各的。對我們一家老小，凝視火焰都是非常有趣的活動，不僅現場直播而且五彩繽紛，可說是專屬我們的爐火ＤＶＤ影片。

這時有人想到家中還有一袋棉花糖。幸運的是，在黑暗中我們無法查看它的有效期限。第一顆棉花糖從我手上的樹枝尖端掉進火堆裡，瞬間燒成一顆臭烘烘的焦黑小火球，惹來一陣大笑。接下來每個人都可以依據自己的速度和心情接近火堆，這麼一來雖然需要多點時間燒烤，但我們反正也沒別的事要做。

我不時往火堆裡添柴，直到每個人身上都散發出燒炭工人的味道。事後洗澡時我才發覺，之前我該把窗戶關上的。現在我們家浴室瀰漫著焦味，浴室地板上也覆蓋著薄薄一層的細灰。

隔天下了一場雨，但屋後那堆柴灰依然冒著煙氣，全家人都在抱怨屋裡的氣味。如此過了一個星期，直到我們將毛巾、小地毯、窗簾等都清洗過了，氣味才散去。

待雨過天晴後，沒有人願意幫我把埋著許多釘子、螺絲釘和變形絞鏈的柴灰堆鏟走。我倒覺得自己太厲害了。我燒了我們家的花園小屋，我們像湯姆．索亞（譯註：《湯姆歷險記》的主要角色）、哈克伯理．芬（譯註：《頑童歷險記》的主要角色），像西部牛仔般圍坐在火堆旁引吭高歌。童年參加童軍活動時我總是感到不自在，然而經過這次焰火的神奇洗禮，我覺得我彷彿不久前才剛離開尼安德河谷來到這裡：一身汗水、煤煙，充滿男性陽剛氣。這並非預先規畫或是定好時程的聚會，而是自然而然就發生的，而且棒呆了。

唯一礙眼的是那株討厭的蕨類植物。它安然度過一切災難，如今不再屈居花園小屋的陰影下，而是屹立在施了厚肥、一片螢光綠的草地中央伸展它的羽狀葉。有朝一日我閒來無事時，一定要將它連根刨起——這一點我可以向孩子們學習。

9. 倉鼠小毛

我坐在廚房桌邊，拚命尋找靈感，這其實是最辛苦的工作。

我從眼角餘光瞥見女兒正對著我走過來。眼下我要的是靈感，可不是問題，但瞧她站在那裡的模樣，是那麼少見的不知所措，甚至接近羞赧，讓我不理會她也難。

我抬起頭來，女兒說：「我覺得小毛死了，牠躺著不動，身體也硬梆梆的。」

小毛是她閨蜜養的倉鼠。

一隻身體僵硬的倉鼠，這大概不是什麼好徵兆，意思大約等同於「金魚不動了，而且肚子朝上」。

女兒的閨蜜託我女兒在假期中幫她照顧倉鼠，這令我女兒頗爲得意。這位閨蜜就住在我們家轉角，她給我女兒一把她們家的鑰匙，順便也請我女兒代爲收取他們家的郵件。

每天清晨，我女兒都非常守信的出門，不論天氣好壞，而且大多在早餐前就過去。

此時此刻，她臉上的表情和身體姿勢究竟是何意味，實在難以理解。

我提議：「我們要過去看看嗎？」

她點頭。

於是我們雙雙出發，而她的小手也溜進了我的大手中，看來她非常擔心。走到半路上她突然說：「萬一小毛眞的死了，瑪麗一定會很傷心，這樣她說不定就不想再當我的好朋友了，因爲她會認爲，我沒有把小毛照顧好。可是我有。而且我不想要她傷心，也不想要她覺得我不好，瑪麗是我非常重要的人！」

打從幼兒園起，她們兩人就是好朋友了。

「我們先看看吧，說不定牠只是睡著了。」我試圖把無可閃避的事實向後推遲。

我們用鑰匙開門，進入靜悄悄的屋內。

剛開始餵小毛時，情況並不那麼順利。女兒第一次來到閨蜜家時，她聽到屋內有說話聲和音樂聲。事後她擔憂的告訴我：「我覺得樓上有小偷，所以我很小聲的餵小毛吃東西，也只跟牠玩了一下下。」我究竟該責備還是讚美？最後我沒有發表任何評論，那其實只是閨蜜家人忘記關掉收音機的鬧鐘功能罷了。我提醒女兒隔天要關掉這個功能，不過她不知道該怎麼做，乾脆直接拔掉插頭。看來女兒解決問題的手段相當務實。

但今天既無收音機的聲響，也沒有倉鼠的窸窸聲。

倉鼠籠子擺在客廳裡，我們躡手躡腳的慢慢走近，彷彿這隻身軀嬌小，毛髮蓬鬆的小毛會突變爲倉鼠殭屍怪，從牠的塑膠管迷宮裡跳出來，一口咬掉我們的腦袋。

看起來一切都沒問題，乾草依舊清爽潔淨，水瓶裡裝滿了水，飼料缽裡也放著飼料，而在左前方角落裡則躺著一顆睡得香甜的小絨球。

我蹲下去仔細觀察牠。接下來該怎麼辦？如果我把籠子打開，而倉鼠果眞只是在睡覺，那麼牠就會跳出來躲到沙發底下。這種事我們曾經遇到過，眞的不好玩。

我和女兒彼此對看了一眼，不知該如何是好。我女兒甚至壯起膽子，伸出手指撫摸小毛。我沒那麼大膽，在我眼前彷彿浮現出電視上千部犯罪影片裡，布滿蛆蟲的腐肉。

我在工具箱裡找到清理乾草用的塑膠耙，把耙子伸進小小的籠門，推了推小毛。小毛依舊一動也不動，彷彿一團硬梆梆的黏土。小毛死了。

至少，高度可能已經死了。然而，我對倉鼠究竟了解多少？說不定還有希望。

有那麼一瞬間我眞想假裝一切都沒事，照常每天幫牠更換水和飼料，就當作這個小搗蛋自始至終都在跟我們開玩笑。但是我知道這樣不行：我不能這麼沒品，不能做出錯誤示範。

我抬起頭來，見到女兒已經站在客廳門口，似乎隨時準備逃之夭夭了。我心想，別再胡扯沒意義的話了，於是我盡可能不加任何贅詞，故作輕鬆的用平靜的語氣說：「你說的沒錯，小毛死了。」

女兒眼眶裡閃爍著淚光，她走上前來，蹲下身去，喃喃說道：「可憐的小毛，不管你現在在哪裡，我都祝福你過得好好的。」

哇。我心想：「哇。」

她靠過來依偎在我身旁，我們已經好久沒有這樣親近了。我默默不語，心境在享受和同情之間擺盪。我們就這麼蹲著，直到我的膝蓋開始抗議。

我問她：「現在我們該怎麼辦？我們不能把牠留在這裡三個星期。」隨後便是一場簡短而又淺白的，關於肉體腐敗過程的說明。

最後的選項則是：垃圾桶、花壇、冷凍庫。

「嗯，」女兒一副達人模樣：「我們得問一下，說不定瑪麗想要自己處理她的倉鼠。」很精采的說法，是吧？

我們還查了一下，看看屋子裡有沒有空冷凍盒，結果沒發現，頂多在三盒冰淇淋桶中間還塞得下一只裝著倉鼠屍體的保鮮袋……

我表示：「可是，如果你現在傳簡訊給她，說：『小毛死了，我們該怎麼辦？』好像也不太好。」

女兒點頭：「這樣她整個假期就毀了。」我決定直接簡訊給瑪麗的父母，這樣我也能特別強調，我女兒很擔心好友會生她的氣。回覆很快就到了：「我們知道她很用心照顧小毛，請將牠埋在花園裡兩大叢灌木中間，這幾天我們會把這件事告訴女兒，並且在回家後舉辦追思會。」

如此這般，當天下午我們又過去一趟。我從家中帶了一把小鏟子，我女兒帶著一簇繡球花。我們挑好理想的安息處所，由我挖出一個二十公分深的洞，接著我把鏟子上的泥土拍掉，我們又回到屋內。

我們暗自期盼是我們誤判了，死去的倉鼠現在又在籠子裡爬動。可惜牠依然躺在原地不動。

我小心翼翼的把鏟子伸到牠腹部底下，這是我生平第一次處理動物屍體，加上我又不是農家子弟，完全不知道接下來會發生什麼事。

沒想到就在我將鏟子從籠子裡取出時，我女兒居然在鏟子前方蹲下，非常仔細的觀察小毛，接著低聲說：「牠閉著眼睛，牠的腳很小很小，而且牠在笑呢。」也許這只是她願望的投射，不過這番話讓我們兩人都感到好受些。

來到花園時，她攔住我，說：「你不可以就這樣把牠扔進洞裡面，應該要讓牠像死的時候那樣，肚子朝下，不然牠會覺得不舒服。」

這一點我倒沒想過。不過，小心翼翼的將小毛背上腹下的放進墓穴裡一點也不辛苦。接著我們站在原地默哀，女兒在確認過小毛的狀況後滿意的點點頭。我便把土鏟到墓穴上、搗實，接著輪到繡球花上場。由於這樣還不夠隆重，於是我們又在花園裡摘了一大把花，做成花環放置在墳墓上。在瑪麗一家度假回來之前，這些花應該就謝了。之後我們拍了幾張相片，準備寄給瑪麗的爸媽，讓倉鼠的主人瑪麗看。最後我們挽著手臂回家；這是我們人生經歷的第一場葬禮。

我們合力完成了這場葬禮，見到女兒如此平靜又理性的對待死亡，令我相當驚異。她很難過，但我也察覺，她知道事情是會過去的。她怕自己的好友會對她感到失望，但我察覺，她也知道，她並沒有做錯什麼。這麼多情感彼此衝突，可是非常辛苦的工作呢。

隔天上午，我女兒問我家裡有沒有大張的資料卡。而我能找得到的就只有檔案夾中淡綠色，大小將近八開對折的隔頁紙了。「這些很好，這樣可以。」說著，她便取出她的麥克筆和鋼筆。

她在我身邊坐下，開始寫了起來，我則坐在那裡繼續搜尋靈感。寫完後，她問我：「你要看一下嗎？這是我寫給小毛和瑪麗的。」

說著，她把兩張淡綠色的卡片推過來給我。

第一張卡片上寫著：「親愛的小毛，我們大家都很思念你！我知道，瑪麗比任何人都愛你。為了讓你活著，我們已經做出最大的努力了。現在你安詳的走了，這一點我非常清楚，因為你看起來很安詳，你很棒！」

第二張卡片是這麼開始的：「親愛的瑪麗，小毛離開我們了，我真的非常非常抱歉。一直到最後我都盡心盡力的照顧牠。你比任何人都愛小毛，而我們大家也都很思念小毛。小毛走得很安詳，小毛很棒！」

總之，她這個上午的工作成果比我的要好。沒錯，雖然有點用情過度，卻是情眞意切。

有女如斯，我幾乎開始期待起我自己的葬禮了。嗯，至少我並不那麼畏懼死亡。到時候她會找到恰當的言語，而我則會把小毛抱在腿上，從某個地方自豪又開心的聽她念誦她寫的話。

10.

旋轉木馬

關於遊樂園的記憶，可以說是一步一腳印。頭幾年我們推著嬰兒車帶孩子逛市集遊樂場，吃著酥炸麵餅，喝著熱紅酒。我們周遭的物體全都在旋轉著、閃爍著，音樂聲震耳欲聾，空氣中瀰漫著棉花糖與烤香腸的香氣。我們彼此閒聊著，講述過往的故事，回憶我們在童年和青少年時期搭乘雲霄飛車的經驗。

市集遊樂場是一種怪得極搭的青少年時期的象徵。市集遊樂場既吵雜又混亂，供應各式各樣彼此不太搭的商品；那裡萬頭鑽動，但你卻感到孤寂；尤其是，場上的一切都在旋轉，沒有什麼是固定不變的。就算你只是從旁觀看，也會被碰碰車、海盜船或旋轉木馬搞得頭暈眼花。直到今日我依然記得，在十二到二十歲的這段歲月，我的內心生活正是這副模樣。

多年來我們已經不再逛這類歡慶活動，我們寧可聆聽朗誦會，或是觀賞文·溫德斯（Wim Wenders）的舊片。

爲什麼現在我們又重返這種娛樂的鼻祖？何況我們的孩子

年紀還太小，無法親身體驗現場的遊樂設施，也還看不懂其中的奧妙。

也許是因爲我們知道，或者至少隱約察覺到，在市集遊樂場上，人類的演化進程會以娛樂爲名邁開大步前進。因爲每次前往市集遊樂場一遊，我們的孩子對自己就會更加了解，也更能自我覺察，從而擺脫和我們的共生紐帶。他會創造自己的經驗、感受自己的情感；而這些都是我們頂多只能觀察，卻無法參與的。儘管他離開父母的每一步（這是至關重要而又無可避免的）都令父母心痛，我們依然得慢慢適應、接納，否則總有一天衝突會大到令人難以忍受。

所以最先幾年，我們在市集遊樂場上還只是閒逛，想像幾年後我們家的孩子如何歡呼著花上數百歐元，玩了一攤又一攤，最後在某個攤位後頭嘔吐。而我們則不確定，我們究竟該期待這種發展，或者該感到不對勁，並且限制他的花費、吃東西的數量和旋轉的次數呢？

在爸媽眼中，市集遊樂場堪稱是一種兒童生日派對。每當盡興的生日派對結束後，人們總會在累得睡著的孩子身畔放置一個盆子供他們嘔吐；而在玩過市集遊樂場後，我們可以確定，嘔吐盆仍派得上用場。至少這是我們家族的傳統，現在怎會不同呢？我們又沒有在美國太空總署爲孩子訂製「不暈眩」的遺傳基因。

我猜半年後，酥炸麵餅和熱紅酒將會被可麗餅和汽水取代。如今孩子躺在嬰兒推車上，睜著大大的眼睛注視著車外的景象。而事情如何發展，將視父母的教養方式而定，有的爸媽會讓孩子舔舔他們的甜食，有的則不給他們吃。

某些父母具有通天本領，可以隱瞞巧克力這種東西的存在，直到孩子上小學一年級之後，不過想要瞞到二年級就難多了。

後來幾次我們則讓孩子坐在嬰兒車上，而外頭越是五彩繽紛，越是燈光璀璨，旁邊越是瘋狂旋轉，孩子就越是急切的想扯開固定帶。

棉花糖讓孩子初次嘗到市集遊樂園的甜蜜滋味，爲了避免孩子用木籤戳自己或是他人的眼珠，於是我們扯下一塊化妝棉大小的棉花糖，放到這位天眞無邪，兩、三歲大的孩子舌尖上。

這塊棉花糖讓孩子顯得非常困惑，嘴裡似乎沒有東西，但嘗起來味道卻如此濃烈！這是怎麼回事？在這種味覺刺激下，孩子的眼珠子滴溜溜亂轉，有的孩子會陶然微笑，有的會嚇得目瞪口呆。我把這種感覺想像成在較新式的大廈搭乘高速電梯，感覺上我們彷彿靜止不動，看起來我們也像靜止不動，但與此同時，我們的耳朵卻告訴我們，馬上就會出現超音速爆裂了。

之後大人也許會讓小寶貝自己抓棉花糖吃。有趣的是，我們家的孩子並沒有立刻把棉花糖塞進嘴裡，而是先仔細研究一番。結果蓬鬆的棉花糖融化，而孩子黏答答的小手就像粉紅色的三秒膠般黏在一起。

結果招來驚聲尖叫，由於我們沒有隨身攜帶溼紙巾，只好趕緊返家。

不過有些教訓我們永遠學不會。無論爸媽想不想去，逛市集遊樂場都是童年必備的活動，所以一年後我們再次朝聖。這一次，嬰兒推車純粹只是備份，供返家時使用。

接著神奇的一刻來臨：第一次坐旋轉木馬。

起初我們只是站著看了十回合。有消防車、跑車、馬車、馬、龍，還有一只會自己旋轉的杯子，另外還有救護車、一隻烏龜。

上方是無數燈泡閃爍的鏡面。

音樂則是手搖風琴混搭流行歌曲的曲風。

這在今日一點也不足為奇，但我們依然感到難以置信。

我們就這麼站在那裡，置身人潮中；我們這個小家庭正準備跨出一大步。

在市集廣場的另一頭有另一座旋轉木馬，我們也過去瞧個仔細。老實說，實在看不出兩者的區別——至少兩者的價格和騎乘設施所差無幾。

就連它們的德國萊茵TÜV機械檢驗合格標章也一樣嶄新。

我們當然希望把孩子安全帶回家，更不用說，我們讀到過許多旋轉木馬出事的報導。我們忐忑不安，差點想轉身離去。但看著孩子們成長又是如此美好的事，值得我們承受這種痛。

我們猶豫著是否該買個三回券，如此可以免費搭乘一次。可是，萬一孩子不喜歡，或者動力不足以承受離心力，該怎麼辦？萬一我們的孩子從跑車裡被甩出來，造成撕裂傷鮮血直流、揮鞭式頸部創傷或是摔成重傷，又該如何？

如此一來，剩下的兩次騎乘就浪費掉了，這可不行。三回券還是等到明年或是後年吧。想冒這種投資風險，時間反正多得很。

基於安全技術上的考量，我們決定不選馬，直到「消防車」轉到眼前了，才把孩子抱進去，幫他繫好安全帶，關上門。

這是最高安全規格了。

我們心情忐忑的後退，手拉著手。

孩子臉上流露出開心、期待與驚恐的神情。接著警鈴叮噹響起，滿心關切的家長們離開平臺，音樂開始演奏、燈光閃爍，旋轉木馬開始旋轉。

第一圈奇蹟就出現了：矛盾、不安的感覺消散，取而代之的是燦爛的歡笑。這歡笑先是顯現在我們孩子的臉龐，繼而出現在我們臉上，而我們也感受到了我們眼睛所見到的：歡樂！

這是一種存在於天地之間，充滿魔力而又倏忽即逝的感受。是一種驚喜，是一種不可思議：你人坐著但又彷彿飛了起來，這種感受極其美妙，但速度又夠慢，使你不至於心生恐懼。那抹微笑令我們終生難忘，微笑中洋溢著對生命慷慨提供的一切、對生命的感受所激起的無限驚喜。

我們站在那裡並且深知，未來還會有上千遍這樣的騎乘體驗──包括真實的與誇飾的含意──而這些體驗未必每一次都能如此美好，但至少這個第一次，這個開頭的體驗美好無比，將會深深烙印在他心中。我們沒有過度謹慎，也沒有過度魯莽，這是個最佳時機。

也許別的時刻也會同樣美好，這我們無從得知，也不重要。至少這一次時機恰到好處，結果也美好，這才重要。

音樂收歇，燈光黯淡，我們把小寶貝抱出消防車。他完全沒有吵著還要再玩、還要再玩一遍。一次足矣，每條路都是從第一步開始的，但那最初的幾步無需多長，只需真正去做。

我們在那裡又站了一會兒，望著五彩繽紛的景象，接著我們共同分享一枝棉花糖，之後便回家了。嗯，我們邊走邊推著孩子，而孩子則帶著喜悅的笑容入睡了。

11.
冬日歡樂

洛夫・祖寇夫斯基（Rolf Zuckowski，德國音樂人）和他的夥伴們唱著「下雪了」，我們家的孩子們也跟著唱：「下雪了，下雪了，大家出門去吧！」

老天，還早著呢。今天是週末，天色還沒亮，這到底是要幹嘛呀？

歌聲繼續唱著：「彷彿撲上了白粉！」

我們臥房的門倏地打開，音樂與歌聲也越發響亮。「你看，你看，你看，下雪了！」一個孩子跳上我們的床，另一個將窗簾拉開。在熹微的晨光中，看得到厚厚的雪花飄落，老實說，眞美。

此刻我們大可舒服的窩在被窩裡，睡眼惺忪的欣賞外頭的奇景。可惜孩子們對這種安逸時光並不領情。「來，起床了，我們去玩雪橇、喝熱可可、堆雪人！」

孩子們彷彿受到驚嚇的雞隻般，在屋子裡跑來跑去，精神抖擻的程度至少是上學日的兩倍，而外頭的雪至少也比平日多出兩倍。他們急切的吵著要手套、帽子、雪衣、冬靴，他們已有幾個星期臉龐貼著窗，期待白雪飄落了，但當然沒有人想到要預先做好準備。而我們作爸媽的也沒想到，或者故意忘記，一旦下雪，所需物品就得立刻待命！我們當然也會因爲一團亂，沒吃早餐就出門了。

今年最令我們家孩子失望的，似乎是我們沒有分別爲每個孩子都準備裝有熱騰騰可可的大保溫瓶。但這種期望到底是從哪個電視廣告裡看來的？

他們吵吵鬧鬧的下樓，一把拉開大門，嚷著：「看，有足跡！」接著是一陣肅穆、令人好奇的靜默。當我來到他們身邊往外看時，忍不住笑了起來。在剛剛下過雪，亮瑩瑩的地面上出現了一道由貓掌與兔子慌亂的圓點腳印組成的痕跡！孩子們猜測著，這究竟是哪種神奇生物留下來的？

興奮的氣氛越發高漲，得趕快出門去！穿上靴子、在睡衣褲上套上厚外套，就可以出門了。聽到鞋子落地，在未經踩踏的雪地上發出沙沙聲，我瞬間又變成了孩子，裹著厚厚的衣物進入了冬季的奇幻世界。

當年肥嘟嘟的外套裝備，帶給我無比的安全感——穿著這種衣服你只能蹣跚而行，非常安全；就算跌倒了，也幾乎毫無感覺。整個夏天我膝蓋和手肘總是擦破皮，踢足球時脛骨瘀青，要不就是額頭不知爲何腫了個包。但我曾經見識過的唯一一次冬季意外，則是在我們小學外出旅遊時，有個孩子在玩雪橇時高速撞上了一棵樹。這件意外雖然需要急救，但整體而言，在「衣護」良好的冬季，這半年的受傷頻率遠遠低於夏天。

我們有如太空人般，肩肘與手臂呈九十度角，笨拙的在這陌生的環境中行走。我想起某個大雪不停的冬季，最後媽媽把我塞進必要的防護裝中，再將我放到一座雪山上（當時我應該不會太高，否則她就沒辦法把我舉起來，但我卻覺得自己好高好高。）

有那麼一秒鐘，我站在那裡，彷彿是這個世界的國王，正在視察我那白雪覆蓋的國度。就在這時，我腳底下薄薄的冰層塌陷，我脖子以下都陷進了雪堆中。我咯咯大笑，在千鈞一髮之際爬了出來。這是我童年時最驚心動魄又最快樂的回憶。

美夢與創傷有時僅是一線之隔，而爸媽則束手無策。那堆雪要是再厚上十公分，把我吞噬其中，那麼在我的回憶中絕對只留下恐慌。

一如當年的我們，現在堆雪人、打雪戰、玩雪橇、玩冰刀鞋等，我們的孩子也要立刻並且同時進行！還有，中間還要喝上一杯熱騰騰的可可！看來這個冬天是由可可製造商同業公會所呈獻給我們的。

他們沒戴手套就捏出了第一顆堆雪人需要的雪球，而與此同時，我們兩個作爸媽的

則忙著搬出冬季衣物。一轉眼間，玄關上就堆滿了體積龐大的服裝。沒錯，正因爲這樣，我們才沒有早早把這些衣物拿出來，否則這一側就無法通行了！

所有衣物都變得太小，但此刻已經沒有時間調整，趕緊穿上衣服，奔向外頭的白雪吧！

才剛有人被雪球打中，原先興奮的氣氛就毫無預警的演變成了爭執。他們才剛出門不久，轉眼間就又吵又罵的返回屋內，並且在脫掉外套時，弄得到處都是冰和雪，還抱怨他們想要的熱可可尚未上桌。

就在我們忙著變出早餐時，扔在

玄關上的衣服，上頭的殘雪開始融化，搞得衣物都溼答答的，大夥兒更是哀鴻遍野。這時我想到，此時此刻每個有孩子的家庭，情況可能都一模一樣吧。在這一瞬間，我內心突然感到平靜無比，我覺得自己儘管微不足道，卻是一個龐大共同體中的一份子。

現在輪到我們了。我們已經不知道家中究竟有沒有成人的冬季衣物，於是展開搜索行動。我們幫每個孩子都準備了一堆有的沒有的，但自己需要的物品要不是沒時間、沒錢，就是根本沒有想到，這是我們一再經歷到的有趣經驗。我們家每個孩子擁有的外套、鞋子、毛衣、褲子、手套和帽子等都比我多，不過爲了公平起見，在此我得特別說明：所有孩子的鞋加起來，還沒有我老婆的鞋子多。而就算我有眞正保暖的冬季衣物，要不是不知芳蹤何處，就是已經又老又舊了。我不想費工夫尋找，所以我直接套上毛衣，穿上我平日裡穿的冬鞋，又在某個抽屜裡找到了一條粉紅色的圍巾。雖然這條圍巾的主人絕對不是我，但此刻肯定沒有人需要它。另外，我平時經常騎自行車，所以手套我倒是有幾雙，甚至還知道它們躲在哪裡呢。

就這樣，我先在雪地上啪嚓啪嚓走了幾圈，先是慢慢的，很慢很慢，接著稍微加速，啪嚓、啪嚓、啪嚓，光是這樣就已經夠好玩了。雪繼續下著，我仰起頭來，伸出舌頭，讓厚厚的雪花飄進嘴裡，這是一定要的啦！現在冬天才眞正到來，現在我可以幫他們堆雪人了。我們滾動一顆大大的雪球，到最後，雪球幾乎不肯動了，而我們卻不斷滑倒、跪倒在地；我們互相取笑，笑著有的沒有的。第一個下雪天怎能沒有雪人？而今天恰好又遇上週末，眞是太幸運了！

插上一根胡蘿蔔，放上兩顆卵石，之後我們從屋內欣賞我們的傑作，把冷冰冰的手指放到……沒錯，幸好我們家還有牛奶和剩下的可可粉！

至於我們的雪人，我們幫他取了個超有創意的名字——「阿冰」。

下午，我們和認識的一家人前往附近一座小丘滑雪橇。那座山丘小得可笑，但是沒有別人在。無論如何，可以一玩再玩，總比在一處熱門的大斜坡上等待許久要好。我們的雪橇數量比孩子的人數要少，所以我還帶了幾個塑膠袋，最後另一個爸爸和我就開心的滑著塑膠袋比賽，玩到我們的牛仔褲都溼透了，因爲我們當然沒有雪褲；就算有，我們也不會穿的，那樣太難爲情了。像我們這樣也是一種瘋狂的樂趣，而我們的老婆大人則在一旁搖著頭，不知道該說我們是幼稚得可愛，還是幼稚得可笑。回到家後，孩子們當然要我們拉雪橇，而他們則開心的一個貼一個擠在雪橇上。在平日裡他們絕對不會這麼做，光是這一點就值得嘉獎。

天色又變暗了，雪被踩平，開始結冰，我覺得冬天到此爲止就好了。但雪讓我們變得更加緊密，雪是如此稀奇又如此令人讚嘆，它爲我們成人提供了一種我們沒有意識到的大好機會，讓我們拋下所有的責任義務，去做下雪時，我們非做不可的事。雪，令人驚喜又短暫易逝的雪，它毫不留情的逼迫我們去參與「當下」，在大地猶如撒上糖霜的時刻，我們能讓時光暫停，共同嬉鬧。在幾小時的時光中，我們可以跟隨自己的孩子再次變成小孩，我們不必做好計畫、安排、控制並且展望未來，只需堆出一個歪歪斜斜的雪人，在他臉上插上一根閃亮的紅蘿蔔鼻子。只要參與、陪伴，成爲其中一份子就夠了；眞棒。

這一天結束時——依照我的想法，這本該是一天的開始——我們彼此依偎在沙發上，裹著所有我們找得到的被子，每個人都拿著一杯……啊，我想，從現在起，一年以內我再也不想看到「熱可可」了！

12.
生病

從前我總以爲，世上最糟的事莫過於自己的孩子生病了。你坐在這個時而呻吟，時而啜泣，發著高燒的孩子身畔，卻什麼都做不了。直到許久後我才了解，光是陪伴，就幫了大忙，這樣已經發揮莫大的療效了。

回想我小的時候，生病其實不是最糟的。躺在床上聽故事、喝湯，有時還有漫畫雜誌可看。病得較久時，偶爾我甚至還會收到一本書或是一件小玩具；這樣其實挺棒的。最棒的是，在旅行途中吃壞了肚子，這樣我就會有鹽味餅乾棒、香蕉片和可樂！（擊鼓奏樂！）這可是平時享受不到的！

但對我而言，比起這些優惠更重要的是，有人關心我、照顧我。我指的不是今日的標準配備「家庭作業保母」（我們那個時候還沒有這一套，當時眞是美好的年代呀！），而是父母，以及後來的朋友。有一次我中耳嚴重發炎，媽媽特地幫我朗誦我當時最心愛的書並且錄音，讓我可以聽上一遍又一遍，又不致影響到她的家務。（可惜我們沒有及時將那份類比錄音數位化，而那卷錄音帶在我們的孩子病得夠嚴重之前就碎裂了。）

還有一次，我發高燒躺在床上，班上一名同學帶著滿滿一鞋盒的 Matchbox 火柴盒小汽車來看我，他的車比我的好太多了。當我躺在床上半睡半醒時，他則坐在我房間的地板上玩耍。當時似乎還播放著廣播劇，好像是卡爾·邁（Karl May，德國作家）創作的故事，或是《金銀島》。到了要吃晚飯時，他就得回家了。

後來我們這群死黨也以類似的方法陪伴一名女性友人，她因爲前十字韌帶斷裂必須臥床休養十四天，於是每天放學後，我們便輪流推派一個人前往醫院，在那裡坐著陪她忍受無聊。（看到這裡各位應該已經很清楚，我們小的時候還沒有網路，連電視也只有一、二、三臺，而這三家電視臺也只有下午才開始播放節目，而且除了唯一的卡通影片系列，就只有「芝麻街」、新聞報導、民謠和「戴立克（Derrick）」警匪片系列。）

當時我常想，那些爲人父母的爲何都如此鐵石心腸，沒有整天在病榻旁陪伴他們愛之甚於一切的孩子呢？如今我終於了解，他們得上班工作、處理家務或是還有其他子女要照顧。

彷彿爲了掃除我童年的陰影，如今我無助的坐在我那發著高燒的孩子身邊。儘管現代科技與醫學如此發達，做父母的對子女的康復貢獻依然不大，頂多也只能朗誦故事、測量體溫、進行冷敷、送好喝的湯、播放有聲故事等等。好吧，播放有聲書這件事現在也可以從網路書庫下載，但好喝的湯依然得親送。

後來災情更慘。

孩子生病、爸媽健康，這樣還勉強撐得過去。孩子健康，爸媽生病，這可就是另一回事了，情況可能如下：寒冬時，父母一方或許還夠健康，可以去上班，另一方則無法上班。這時感覺上我彷彿燒到了五十度，頭疼欲裂有如登月時刻。而好巧不巧，保母也病了，要不，就是休假了。我自己也記不清楚了，總之突然間我就獨自面對一個幼兒（而在往後幾年，孩子變多時，這種情況的嚴峻更是等比例放大）。

你可能會以爲，儘管身子稍微虛弱，但這樣的大人要帶一個幼兒應該應付得過去。這麼想你可就大錯特錯了，我坐在長沙發椅上聽著廣播劇，還出現了幻覺。而直到今日，「嘿客絲、嘿客絲」與「托吁吁吁！」的奇異呼叫聲依然會令我瞬間進入深度恍惚狀態。等我再度抬起頭來張望時，已經是下午四點，而且雪花處處飄——在客廳裡。

在書架前坐著一名心滿意足的孩子，四周則散布著被碎屍萬段的好幾本圖畫書。只要有足夠的時間和耐心，這些紙居然可以被人撕得這麼碎，委實令人驚嘆。

如今回想，最令我詫異的是，我居然不記得當時我的反應到底是生氣、驚駭或者只是一笑置之。我只是意識到了這件事，隨即又合上雙眼。嘿客絲、嘿客絲！

從此我學到了一個教訓，往後幾年每當我生病時，我總是盡可能避免自願照顧這些健健康康的小孩。人還是得了解自己的侷限。

如此這般過了幾年，就在我以為一切都在掌握中時，在某個酷寒如俄國的冬季，我們全家，爸媽和孩子，突然都病倒了。全家人同時病倒，而且病情嚴重。

不是陸續病倒，病魔並非慢慢接近，而是令人措手不及。當天晚上我們還一起朗誦故事，最後大家都平安上床。隔天清晨我四肢和頭部疼痛、發燒、咳嗽，電視廣告裡的症狀一項不缺。

我碰了碰我老婆，試圖叫她起床照顧孩子和這個世界。沒了觀眾，生病的好處就少了一半，但我願意犧牲。偏偏她也起不來，她摸起來簡直就像灼熱的爐板，而她也發出類似熱爐板的聲響。

我發揮英雄氣概，掙扎著起床，想說至少得把孩子送出家門，這樣我們才能安安靜靜的受難。我手腳並用著爬過廊道，摸著牆前進。

兒童房一片寂靜，這很少是什麼好兆頭，這可能意味著我們家出現了一幅新「壁畫」，或是所有的衣物已經沒有依照顏色分類，被人從衣櫃裡拉出來了等等。

而這一次，寂靜也不是好兆頭。之所以這麼安靜，是因為孩子們快吸不到空氣，而且身軀滾燙，還側著身體，發出有如小哈巴狗般呼哧呼哧的輕微喘息聲。他們虛弱得無法起床搗蛋，這一點我感同身受。

於是我先在舒適的兒童房地板上閉眼躺了一會兒，可惜我的四肢酸痛並沒有因此獲得紓緩。

生病的一大好處是，你不會感到餓，而且什麼都不想吃。然而，我童年時享受到可樂、鹽味餅乾棒和香蕉是有理由的，因為你需要補充液體、電解質和少許能量，身體才不會在對抗病毒的戰爭中棄械投降，你也才不會自憐自艾的用枕頭蒙住臉，以終結這種痛苦。

為了拯救家人於苦難，我不得不出門。這倒也不賴，我可以利用這個機會直接在藥局裡灌下一整瓶的感冒藥水，外加超強效退燒藥和頭痛藥，就像年輕人在週六夜晚喝下在加油站買來的能量飲，搭配藥草烈酒一樣。不過如此一來，往後我們就得另覓藥房了。

我這如假包換的獵人外加採集者帶著可樂、餅乾、香蕉、一堆治療發燒性感冒，不需醫師處方的藥物以及一捆熬湯菜蔬和一隻有機養殖的雞返家。幾年前有人送我一本書，書名叫《心靈雞湯》，書中充斥著號稱能療癒自我的無稽之談，而我之所以保留這本書，純粹是因爲眞正的雞湯確實能幫助身體對抗疾病，因爲雞湯中含有某些有益成分，至於別的事我即使不知道也無妨。

我身體過度虛弱，所以我把這些獵物留在購物車內，將購物車當成助行器，蹣跚的走回家，幫所有家人餵下超高劑量的退燒糖漿後，自己就躺回床上，隨後我就不省人事，直到隔天中午才醒來。人類還沒絕種，實在是個奇蹟。

我驚訝的發現，那些自詡爲藥物的東西完全無效，我病情還是跟前一天同樣淒慘，而其他人也是。這是個星期天，診所沒開，而開車去掛急診，用處大概也不大。最令我懊惱的是，我狀況差到無法爲自己或家人打發時間。電視太大聲、有聲書太複雜、音樂樂器太多，書又太過艱澀。

這時我想起了那隻雞，我這輩子還沒有熬過雞湯，但我知道，雞湯不是得來速，因爲必須先從骨頭深處把某些物質熬出來。有那麼一瞬間我差點想把這個畜生塞進攪拌機，如此一來只消把雞稍微煮開就行了。老實說，純粹是想到事後清洗攪拌機的麻煩，才令我縮手的。

我吃力的將熬湯菜蔬上的橡皮筋扯斷，菜切都沒切就把雞放上去，加水加到快滿，接著把爐火調小，就把頭靠在桌面上睡著了。當有人不知何故把我搖醒時，天色已經變黑，而那味道聞起來……我猶豫不決，我還不想吃。熄火，我把可樂、香蕉和鹹餅乾分給大家，晚安。

當天夜裡不知何時，我心想，雖然我不知道醫生能幹嘛，但明天我們也許該去看醫生。這不是我第一次得重感冒，但醫生向來無法令我康復。（這幾年我倒是會喝一種某位朋友推薦的，味道噁心的藥草茶，從此以後我就再也沒有得過重感冒了，也許這種茶會讓病毒也想吐吧。要是當年我就知道有這種難喝的茶，本書這一段就會空白，可供人做筆記了。）

隔天我們總算能下床了。還挺難受的，不過我們都辦到了。大家默默的喝著室溫下的雞湯當作早餐。

之後我們全家都窩在長沙發椅上，觀賞兒童電視節目過了半天，之後又喝了點雞湯，接著再次上床，這時已經是下午兩點半了。

在此我要驕傲的向各位報告，最後我們都熬過病魔的摧殘。這是雞湯的功效嗎？有可能，但彼此作伴、共同受難絕對幫了我們大忙——雖然這是非常辛苦的事。

幾年後同樣的狀況再次發生，這一次我們都得了難纏的支氣管炎，全家人無一倖免。但我們也非常享受這種額外賺到，彼此緊密相處的時光。

心靈雞湯。

13.
長板

長板是必不可缺的，人人都有，因此長板在禮物單上總是高踞前幾名。

在各大城市的街道上處處可見長板的身影，由此看來，這種玩意兒應該不會太昂貴。在我小的時候，一塊滑板要價高達三十九馬克，至於護具和頭盔在我們那個年代還沒有發明出來。

由此推論，我認爲長板這種玩意兒應該不會超過五十歐元，可惜我太不懂行情，因爲「長板」不是動詞，是一種生活風格，堪稱是交通工具裡的 iPhone，而那名看似還在上小學的店員很快就用「你」（Du）稱呼我（譯註：在德語中，只有相當熟稔的人才會以「你」互稱，一般多以「您」稱呼對方。）而他臉上的絡腮鬍則像是用顏料噴出來的。更糟的是，他還向我大談軸襯、軸承、砂紙等術語。

長板之於都市小孩，就如打高爾夫球或駕駛帆船，都是身分地位的象徵，是一種不必聽龐克音樂，就能劃分小圈圈的作法，還挺不賴的。

因爲除了一張好長板，你同時還得有能力送給孩子一張信用卡金卡，因此我想先考驗我家孩子對長板是否眞有興趣。此外，從我自己玩滑板的經驗，我學到了一個教訓：你得會煞車，否則後果會令你措手不及，而且疼痛難當！

可是，沒有長板，又該如何學玩長板？原來用租借的也行，租金不貴（就像噴墨式印表機比墨水便宜多了），而且還有爲初學者提供的長板課程，可以教人路滑、走板和花式等。啥，你在說什麼？路滑我還可以從滑雪和單板滑雪來理解，但走板是什麼東東？

別管了。回顧我那借用同學滑板的短命滑板生涯，我認爲這是我重溫青春年華的大好機會。顯然我昔日的傷口也連同心理創傷一併癒合了，於是我一口氣報了兩個名額。

上課時不只需要攜帶長板、頭盔和護具，還需要像手術進行全身麻醉般，簽一份切結書——上完課後很可能就需要這種麻醉。

我們在某座公園裡集合，這裡的道路基本上沒有車子經過，部分路面相當平坦，接著則是一段緩坡。我們的長板教練當然也很長板風的開著福斯小巴，載著滿車的長板和膠帶過來。

哇，我心想，當年我如果爬起來，回到滑板上繼續苦練，現在我也會跟他一樣了。

我們這群學員圍成圈坐在長板上做自我介紹，其中一位小姐初次玩長板，大腿就骨折，現在她想再度嘗試，但她的男友對她的恐懼則顯得極度不耐。另外有幾名一級方程式車手裝扮的八歲孩童，他們是爸媽送來「學煞車」的。聽他們的說法，彷彿煞車技巧跟魚肝油同樣妙用無窮。

另外有幾名青少年，從他們嘟嘟噥噥的介紹聽來，他們顯然不知道自己爲何而來。還有一位身材壯碩，和一旁年輕人身穿情侶裝，年紀和我相仿的男士。哦，那不是他的伴侶，是他兒子。好吧，誰說不行呢。

最後還有我跟我女兒。

接下來我們輪流介紹自己的長板，談談跟長板相關的事。我原本以爲這是鬼扯淡，沒想到這一招果眞能提供豐富的資訊。我在這一輪對學員們的了解，要比前一輪更加深入。此外，我們也學到了更多關於長板不同彈性、形狀、操控技巧、輪子等的知識。你可以用再普通不過的螺帽扳手把再普通不過的螺帽拴緊，讓軸襯壓緊，這麼一來，長板滑起來就截然不同；不過你也可以使用形狀奇特的專門工具，這種工具我們這裡的特價品所剩無幾，敬請立刻來電搶購！

而現在我們也知道，長板運動的種種「Styles」了：你可以高速奔滑，你可以路滑

（類似 Slalom），你可以愛怎樣就怎樣（Freestyle），也有人（雖然不該這麼做，卻在耳朵裡塞著耳機）在長板上邊滑行邊跳舞步，這便是長板玩法中的走板（英文：Dancing）。另外，你也可以在立式單槳衝浪板（Stand UP Paddle，簡稱 SUP Board，是一種在水上特別穩定的衝浪板，像划獨木舟般行駛，也是一種奇特的流行）上做瑜伽。

難道單一項目還不夠難嗎，我也不會邊放風箏邊烤肉。

之後我們分成初學與進階兩組。這下把我搞糊塗了，我們不是叫做初學班嗎？我們留在初學組，先學習在平坦的路段上讓長板流暢的動起來，並且不會跌個狗吃屎。偶爾我可以兩腳站在長板上，向前滑行幾公尺。這種感覺好爽，衝浪的感覺應該也類似吧，很快你就會上癮。

大腿骨折的女學員當然也留在初學組，她連單腳踏在長板上都很難做到。這一點我非常能夠理解。

她的男友理所當然的跑去進階組，卻在筆直的衝進花壇後，被漠然無動於衷的長板教練直接從斜坡請回初學組，臭著臉跟著我們滑行。

二十歲以下的學員明顯學得快多了。煞車的辦法是用後腳的鞋底在路面上拖行。當我這麼做時，我的膝蓋喀嚓喀嚓作響，身體也開始搖晃。這些青少年試了兩、三次就上

手，進而有理由加速兩倍，測試自己的最佳表現。

聽到長板課程的女性負責人稱讚我女兒，令我頗爲自豪。我關切的望著她轉到進階組，來到斜坡路段，但我終究得放手，至少是在受控的條件下放手。我向她比了個「加油」的手勢，心想：萬一出事，我們車子裡還有急救箱。

結果用到急救箱的人是我，因爲我在不斷進行煞車練習時，左踝刮到長板邊緣了。

我是最後一個還留在平坦路段滑行的人，這令我有點失望，就連我們的女性負責人都懶得搭理我，改到其他人那裡了。我滑得時快時慢，而支撐我重量的那條腿也因爲長時間維持平衡而開始疼痛，並且負荷過大；但至少我沒有躺下。

我覺得最棒的是，教練的福斯小巴滿載各種長板供我們試用，有的長有的短，有的硬有的軟，有的硬挺又靈巧。看到這些長板外觀相似，感受卻如此不同，令我頗爲著迷。這感覺就像親吻的差異一樣——不過這個想法我並沒有透露給別人知道。

等練習夠了，我便留在斜坡頂上注視著其他人。今天女兒雖然第一次站上長板，卻已經穩穩的在地面上設置的小障礙物間穿梭，而她臉上的笑容也告訴我，生日時該送什麼禮物給她了。

那對父子則分據道路兩側，同步向下滑行。玩起長板他們也許沒問題，但他們顯然需要心理治療。

那幾名一級方程式男孩在小障礙物之間快速俯衝，故意的。

大腿骨折妹也在小障礙物之間快速俯衝，但她不是故意的。

而她男友在號稱急轉彎時再次衝進矮樹叢裡，他的長板也高速俯衝，但沒人想幫他攔截長板，連他的女友都不想。

今晚我絕對不會想去他們家的，他們一定會大吵一場。

在返家的路上，我聽到後頭傳來：「今天你也一起來上課，眞的好酷哦。不過你先別急著幫自己買長板，好嗎？」

我嚥下我那受傷的自尊心，把這句話解讀爲：「省下一大筆錢」。

幾星期後，生日禮物果然是長板。

這件禮物果眞送對了。

如此這般又過了幾個星期，某天我們走在街道上準備購物，這時一名體格健美，穿著夾腳拖，年約四十中旬的男子滑著長板從我們身邊經過，他滑得挺棒的。

「你看吧，」我女兒說。

我望著那人，不解她的意思。

「如果你也買了長板，看起來就會是那副模樣。」

「可是他滑得很棒呀，」我說：「比『那個人』還棒。」

一名年紀大約二十初頭的年輕男子，彷彿一輛排氣管壞掉的拖拉機般，氣喘吁吁、踉踉蹌蹌的從我們身邊經過。

「是沒錯啦，可是那個伯伯已經很老了。」孩子答。

彷彿長板會因年齡而改變。

剎那間我恍然大悟：許諾我青春永駐感的長板，實際上是個大反差，它更烘托出我的真實年齡。長板是我終將老死此一事實的時尚配件。

唯有在你夠年輕時，你才會嘲諷老死。

萬物各有其時。

比如夜間。偶爾我會偷偷帶著長板出門，在路上靜悄悄的奔馳。但只有在沒有月光的黑夜，在我確定死神看不到我時。

14.
街頭藝術

我恨「To-do List」（待辦清單）。我恨它，它讓你純粹只因你把尚待完成的事項寫下來，就以爲自己已經把事情完成了。我恨它，因爲它承諾：「你只需在我這裡打漖，就可以成爲心滿意足的人！」我恨它，因爲它居然連個恰當的德文說法都沒有。「To do」聽起來像號角響起、管樂聲或是超級瑪利歐發出的聲音「嗚乎」，聽起來像鼻孔裡塞著鮪魚；如果把「To-do List」譯成德文「Zu-erledigen-Liste」（譯註：「待辦清單」）過於冗長；譯成「Machen-Liste」（『做』清單），聽起來又像是旁邊有親戚們在建議我該如何規畫。

「『做』清單吧！」

「好，好，我這就做一份清單啦！」

第五十份！我的代辦清單這麼多，多到都需要一份清單來管理這些清單了。針對每類事我都備有一份代辦清單：家裡的代辦清單、辦公室的代辦清單、萬一我巧遇梅克爾太太（譯註：指德國總理）時的清單。但實際上我眞正心愛的待辦清單只有一份，原因很簡單，我知道我這輩子連在這份清單打上唯一一個勾都希望渺茫，因爲這是我爲中彩券頭獎準備的清單。

每當我心情鬱悶時，只消往這份清單瞄上一眼，我立刻心情好轉。這份清單上記載的事項包括：租下一座遊樂園一整天，邀請所有親朋好友同樂，完全不必排隊等候就可以玩機動遊樂設施。或是：把我們家的樓梯全部改裝，只要按下按鈕，樓梯就可以變成溜滑梯。或是：租用我們城市所有的廣告看板一個月，不登廣告，而是供大家在上頭寫下友好的訊息，例如：「你今天看起來很漂亮！」

「這點子眞好玩！」

我轉過身去，兒子正站在我背後讀著我在彩券頭獎清單上的內容。「拜託，這張單子是隱私耶！」彷彿學校考試時，不讓我抄答案的鄰座同學，我用下手臂遮住紙面。

「沒想到你是這種人。」

「這是什麼意思？」我抬起頭來，狐疑的看著他。

「我覺得很好。我覺得不管你看哪裡，到處都是廣告，這樣很煩人，得不停的買東西。」孩子呀孩子，才小學畢業，對消費主義就已經大力撻伐了。不過他說得對，我們居住的城市，充塞著跟我們毫無關係的物品，難怪我們把大腦關閉，把一切都過濾掉。

出門在外時，我們乾脆閉上眼睛（雖然是誇飾法），而這麼做讓我們也見不到周遭的美好事物了。其實我們該親自創造我們周遭的空間，從而使它成爲我們的一部分，而非假手他人，尤其不該假手那些想銷售貨品的人。我們應該積極參與創設，奪回空間，從而贏回我們自己。

「我覺得好無聊哦，爸爸！」

兒子把我從革命思想拉回現實。我相信，當我回說：「我們一定能奪回這座城市」時，我甚至握緊了拳頭。

停頓了片刻後，兒子揚起一側的眉毛，同情的看著我，慢慢的說：「好，但爸爸，我還是覺得很無聊。」

「你難道不想知道該怎麼做嗎？」

「想，想。」他回答。但我察覺他目光轉向門口，準備閃人。

「我們要當街頭藝術家！」

「爸爸，這不是被禁止的嗎？」

「哼，白天時，我們老是受到街道上的愚蠢廣告騷擾——他們這樣做可以，但如果我們想來點藝術創作，創造些美的事物，而且不想賣東西，這樣卻不行！」

「嗯，我想，的確是這樣。」打從什麼時候起，孩子們居然比他們的爸媽還理性了？從前並不是這樣的。

「那我們讓牆上的藝術創作自己消失啊，比如粉筆噴畫，這樣就不會有人抱怨了。」我要他放心。

我根本不需要繼續說服他，因爲噴畫顏料罐向來極具特殊魅力，舉凡要用噴畫顏料罐在某個平面上噴灑顏料，孩子們一定馬上參與。我們想了想，覺得我那張彩劵頭獎清單上的點子其實滿不賴的：每個人都樂見激勵人心的字句，於是我們坐到電腦前，在兩張A4大小的紙上印出兩個大大的字：「振作！」把紙貼在有點厚度的厚紙板上剪下來。經過幾次咒罵、十指抽筋後，我們就完成了一件很棒的紙模版。

後來，我們還去一家美術用品社購買兩罐噴粉筆——白色和橘色的，在家中試用我們的模版。我們把模版擺在內院地上，在上頭噴灑顏料，等待片刻，將模版拿開，結果令我們相當滿意，每個字都非常清晰。

「可是我們不能現在就跑出去，在人行道上噴，現在路上人太多了。」兒子說。

「你說的對，等天黑了，路上行人不多的時候我們再進行。」當天晚上我們早早上床，其他家人都感到非常訝異。凌晨四點，我的鬧鐘響起，我把兒子叫醒，沒有吵醒其他人，就帶著我們的噴粉筆和模版出門去了。

「這個位置好，」來到第一處行人穿越道的紅綠燈處，兒子表示：「這裡大家反正應該看上面，而不是看地面。」他促狹的笑了笑，於是我們便在人行道上噴下我們的模版塗鴉（Stencil）處女作。

「Stencil」這個英文字指模版與一種極爲古老的街頭藝術形式。不對不對，我必須更正我的說法：「Stencil」極爲古老，早在人類尚未建造馬路時，「Stencil」就已經存在許久了。在街頭藝術尚未出現之前，最早爲人所知的模版畫作大約有兩萬五千年的歷史，比如法國南部蕭維（Chauvet）的岩洞壁畫，繪畫者把手擺在岩壁上，再將不同材料製成的色粉混合唾液或奶水，用嘴或小管子噴在手上，結果便是令人讚嘆的紅色手部陰圖。而以模版創作，最早出現的街頭藝術之一恰好也源於法國，創作者是老鼠布萊克（Blek Le Rat），自 1980 年代初，他便在巴黎與歐洲各城市的房屋牆面揮灑模版噴畫。1991 年他在德國萊比錫一片屋牆上噴了「聖母與孩童」，如今這幅畫甚至受到建築文物保護呢。

我們不會做到那個地步，但我們這樣也不賴，因爲當天清晨我們也享受到了莫大的樂趣，美化了我們城市的步道。噴畫令人振奮，但更棒的是，想到或許有人在上班、上學途中，或是在開了一場不太順利的重要會議後，見到我們的「振作！」，因而受到些許鼓舞。

或許經過一段時間後，我們的模版塗鴉便會被雨水沖刷得一乾二淨，不過我們不在意，因爲我們已經規畫好下一場行動，到時我們甚至需要雨水讓它發揮效果呢！

在我們的噴粉筆罐用空了不久後，我們便開始製作花卉炸彈，並且撒在我們鄰居家附近。花卉炸彈是將花土和黏土捏成高爾夫球大小，裡頭藏了許多花卉種子。等下過雨後，種子便會發芽，到時我們鄰居家就會逐漸五彩繽紛了。

其他我們想在未來共同進行的街頭藝術計畫，我都一一寫在一份清單上。如今這份清單已經超越我的彩券頭獎清單，成爲我目前的最愛。

15.
冷笑話

雨聲淅瀝，無聊到爆，大家都非常煩躁。

「我們來玩冷笑話比賽。」百無聊賴下，孩子們如此決定。他們是在雜誌裡看到這種比賽的，後來又參考了網路視頻。

「玩什麼？」我不知所以的問。

「玩冷笑話比賽，」他們大聲的慢慢又講了一遍，彷彿我不但蠢，還耳聾。

「我知道，可是要怎麼玩？」

「就是要說笑話，一直到有人笑。」

我露出不解的神情。

「說笑話不都這樣嗎？」我鼓起勇氣提出我的問題。我覺得我的問題似乎很白痴，但又不完全如此。

「是沒錯啦，可是玩冷笑話比賽的時候，你不可以笑。」

哦。

「還有，」另一個孩子也跟進，說道：「你講的笑話要是

冷笑話，超級無敵的冷笑話！」

「還有，」第三個孩子說：「嘴巴裡要含著滿滿的水。」

啥？拜託再慢慢解釋一遍給我這個老一輩的聽。

經過一番說明，我終於了解遊戲規則了。這是一種對決。甲含著滿嘴的水，乙說笑話，而且笑話越冷（無厘頭）越好。這種笑話本來並不好笑，因爲太蠢了；可正因爲這笑話這麼蠢，聽的人又忍不住想笑。如果聽的人笑到不得不把水吐掉，說笑話的人就贏了。

玩的時候大家坐在浴缸邊緣，必要時可以把水吐到浴缸裡。

孩子們也興奮的向我解釋爲網路觀眾準

備的升級版：玩的人隨便找個地方坐下，彼此互說笑話，聽的人笑時，就把水噴到對方臉上。

我禁止這種玩法，孩子們都露出失望的表情。他們本來已經拿出手機準備錄影了。

「我們可以看嗎？」我問。

翻白眼。

「那可以一起玩嗎？」我原以為這個提議更討人嫌，但想像把自己爸媽耍得溼淋淋的，顯然具有莫大的吸引力。

「好。」

我們慢吞吞的走進浴室，那裡已經擺著一只裝了水的杯子。幸好我們是一家人，大家用同一個杯子喝水也無妨。

眾人的目光都定在我身上。我心想，是我活該。

於是我含了滿滿一口水，有人開始念誦一段舊雜誌的文章。

「為什麼鳥兒總是向南飛？（停頓）因為北邊太冷了！」

不知是否因為念的人連「前括號停頓後括號」都念了，還是因為這則笑話不只不好笑，而且根本不算是笑話……大家都哈哈大笑。我拚命憋住笑，但這種情況實在太荒謬了，最後我果眞把水吐到浴缸裡了。

大夥兒笑得歇斯底里。

「再一次，」我說：「這一次不算。」

一陣咯咯笑，不過大家都同意再一次。

笑話二：

「什麼是褐色的，而且在森林裡穿梭？小麵包帽（譯註：Brotkäppchen，從小紅帽〔Rotkäppchen〕衍化而來）！」

只有念的人笑，其他人都笑不出來。

下一則：

「醫生，我經期來時（譯註：in der Regel，也可以解釋爲「在經血裡」）可以泡澡嗎？醫生說：『如果（經血）能放滿浴缸就可以。』」

孩子們彼此對看，不知所以，沒人聽得懂哪裡好笑。

我太太突然爆笑，害得我又一次把水噴到浴缸裡。

換班。

那本裡頭盡是不好笑的笑話的雜誌也遭到撤換。這一次雜誌裡果然有篇關於網路冷笑話比賽的報導。《明鏡週刊》呢？同一星期的封面上肯定又是希特勒的照片。

「哦，現在遊戲規則變了，兩個孩子嘴巴裡都含著水，先把水吐出來的人就得一分。」

「你的意思是，沒把水吐出來的人得一分吧？」

「我就是這麼說的呀！」

「你才沒有！」

我又忍不住笑了出來。幸運的是，這一次我嘴巴裡沒有水。但話說回來，如果有的話，說不定我就可以得一分。

另外還有很巧妙的淘汰制：「水吐出來的人就遭到淘汰，要等到下一次輪到他。」

我當然又沒聽懂，於是有人解釋給我聽：「沒有笑的人繼續跟下一個對手對抗；笑出來的人等晚一點又輪到他時可以再玩。」

了解。

這一次，媽媽和一個孩子嘴裡各含著水，在浴缸邊緣就位。兩人眼神才剛對上，立刻放聲大笑。

換人！

這次輪到剛才沒玩的兩個孩子。有人把一本被人翻得破破爛爛的雜誌塞給我，我恍然大悟：這些笑話不只是冷笑話，而且孩子們早就看過了。無所謂啦，我嚴肅的清了清嗓子：

「什麼東西是黃色的，而且不會飛？是挖土機（Bagger）！挖土機爲什麼不會飛？因爲它只有一條手臂！那我們該怎麼辦？建造一座挖土機湖（譯註：Baggersee，指挖土機開挖後形成的湖泊）！」

我瞅了瞅眾人，大家都跟我一樣毫無笑容。

看來想成爲青少年雜誌的笑話編輯，資格顯然不在讀寫能力。

我繼續往下讀：

「怎麼判斷巧克力是男是女？」

我的目光已經落到關鍵詞了，而這個關鍵詞無厘頭得令我捧腹大笑，再也念不下去。

「要看有沒有核桃。」（譯註：德文核桃「Nüsse」口語中有「睪丸」之義。）

孩子們彼此對看，接著看了看我。這時一個孩子把水往肚裡吞。他沒有笑出來，而就在沒有任何明顯的理由之下，另外兩個孩子突然爆笑。

「是你先吐的！」

「可是把水吞下去違規啦！」

「哪裡有這個規定？」

「本來就這樣！」

我趕緊當仲裁：「雙方都錯，再來一遍！」

「麵包師傅和地毯的差別在哪裡？麵包師傅清晨四點就得起床，地毯卻可以躺著不起來！」

一陣咕嚕咕嚕的憋笑聲，但是沒有人把水吐出來。我心想，難怪。

「誰光聽不說？耳朵！」

連個微笑都沒有。

「入室偷竊（Einbruch）和腿部骨折（Beinbruch）的差別在哪裡？腿部骨折須躺臥，入室偷竊必須坐牢。」

一陣咯咯笑，但僅止於此。我得加把勁，充分發揮我的喜劇天份，或是再念一則比較有趣的笑話，比如這一則：

「雨層雲和老師的差別在哪裡？沒差別——當他們離開時，大家都很開心！」

一個孩子馬上把水吐出來並且笑了一陣又一陣，把另一個孩子也笑到身體傾向浴缸，把水吐到對方肩膀上。

我們判定，雙方都遭淘汰。

又輪到我了。我的對手開始搖頭晃腦，圓鼓著臉頰，讓水在口腔裡晃動，模樣實在太滑稽了，我笑得把水吐了出來。

比賽尚未開始，我就慘遭淘汰，運動細胞也未免太強大了！

「爲什麼要拍打新生兒的屁股？因爲如果是聰明的新生兒，雞雞就會掉下來！」這也未免太荒謬了吧！這種笑話是誰想出來的？但我們還是忍不住笑了。

「耶穌布道時，最後說：『你們中間誰是沒有罪的，誰就可以先拿石頭打他。』這時他的脖子被人用石頭狠狠砸中。耶穌轉過身去，高聲說道：『媽媽，你很煩耶！』」

孩子們毫無反應，我卻笑得煞不住。這是對宗教的挑釁，一點也不冷！但也因此，在這種遊戲中這則笑話效果並不佳。

笑話快用完了，於是我們把目標轉移到網路上的冷笑話。沒想到這種網頁居然這麼多，看來「冷笑話網頁經營」將會是一門新興行業。

除此之外，自然也少不了相關的 App。

「沒有腿的狗可以用來做什麼？可以隨處拖來拖去！」

大家都頗不以爲然。

接下來是我近來最喜歡的笑話。

「小丑在辦公室裡做什麼？胡搞瞎忙！」

水從我的鼻孔裡流出來，我輸了——但也贏得眾人的心。

這時候，我們已經不再乖乖遵守遊戲規則了：誰想玩誰就嘴巴含水，坐在浴缸邊緣。重要的是，要有負責讀笑話的人。

「什麼東西很可愛，會在草地上蹦蹦跳，還會冒煙？答案是，小煙囪！」（譯註：Kaminchen，結合「煙囪」（Kamin）與家兔（Kaninchen）而成的字。）

「樹下的餅乾是什麼？遮蔭的小地方！」（譯註：小地方「Plätzchen」，在德文裡也有「餅乾」之義。）

「什麼東西是粉紅色的，而且有心智障礙？Flamongo！」（譯註：Flamongo 結合「紅鶴」（Flamingo）與「蒙古症」（Mongolismus）二字而成。）

儘管政治不正確，但正因爲這樣所以好笑。

「爲什麼蜜蜂算數這麼棒？因爲牠們整天都忙著 summen。」（譯註：summen 意爲「發出嗡嗡聲」，但也可理解爲加總、款項〔Summe〕。）

玩到最後什麼都很好笑。當天夜裡上床後，我還因爲想到小丑和辦公室的笑話而輕聲笑著。

「faxen，」我對我老婆說：「小丑胡搞瞎忙。」我們忍不住又大笑一場，笑到肚子都痛了。

16.
小惡魔

預備當爸媽不難（一開始甚至非常有趣），但當上爸媽後，你便會不時遇到讓你巴不得立刻遺忘的時刻。

以下是遺忘指數從第三到第一的排名：

Top 3：坐在後座的孩子朝副駕駛座嘔吐，事後才若有所思的說：「我覺得想吐。」

Top 2：警察打電話來，問：「請問您是某某的爸爸嗎？」

Top 1：半夜裡踩到樂高積木。

小時候我覺得樂高棒呆了，直到現在，這些五顏六色的小積木依然棒得不得了。美中不足的是，半夜裡踩到樂高積木，痛徹心扉。或許是孩子做了惡夢，呼叫求援，而他的房間地板上還散布著尚未完成的太空船。更糟的是，基於某種不明原因，某塊樂高積木孤伶伶的躺在走道中間，彷彿是暗林裡的捕熊陷阱。每當思及此事，我就會想，我寧可踩到捕熊陷阱。要不，我們也可以試試，把樂高積木撒在地上捕熊。

而更加令人咬牙切齒的是，在這種情況下，你雖然想高聲咒罵卻不得不忍住。第一，這時大家要不是正在睡覺，就是剛剛才作了惡夢。第二，因爲孩子們就在附近，而偏偏這時候，你的爸媽身分再也無法逆轉！不知道的話，我可能會以爲樂高是中國政府在七〇年代發明，用來作爲一胎化政策的有效工具。

儘管有時我會覺得這些小惡魔很煩人，但他們也帶來許多美好的時光。

例一：你送給孩子一個小樂高盒，如果一五一十的按照說明書，組成一輛簡單的汽車或一架飛機。結果一個鐘頭過後，孩子把一顆彩球拿到你面前，開心的說：「你看，一隻怪獸！」

例二：某個下雨天的週末，你把裝著樂高的箱子和袋子搬出來，如今裡頭的樂高已經成長爲好幾公斤，而一五一十的按照好久以前就遺失的說明書，你可以把這些積木組成太空船和海盜船。結果一個鐘頭過後，孩子們滾著一顆大大的樂高球進入餐廳，開心的說：「你看，一隻怪獸！」

例三：小貝比才玩樂高，孩子們都不想玩，認爲自己早就過了玩樂高的年紀了。於是爸媽自己搬出箱子和袋子，仔細觀察這些亂七八糟的積木塊。此情此景有點類似玩拼字猜謎遊戲，你知道裡頭藏著十種動物名稱等著你找出來。亂七八糟的樂高積木也一樣，其中也藏著十棟建築物、交通工具或飛機。於是乎，這些雜亂無章的樂高積木也一如北京奧運前的中國，在我的腦海裡誕生出各種雄偉的建築。

如此過了三刻鐘，第一個孩子過來坐下，接著其他孩子也湊過來。我們默默的建造、拆解、組合。我們並沒有討論要蓋什麼，大家只是各拼各的，最後出現在我們眼前的是個令人驚艷的社區，有著體育場、辦公大樓和點綴著小小陽臺的住宅區。

接著一個惡魔現身，毀了這一切！

夜裡我夢見自己住在樂高世界，那裡的人行道上也有小小的積木塊，但是基於某種神奇原因，就算踩到了積木塊也絲毫不痛，這比夢見蒼蠅好多了。踩到樂高積木塊卻不痛——就跟長生不死同樣棒！

以下特別針對有女兒的爸爸們：如果你女兒正逢瘋串珠的年齡，請務必時時警惕。踩在半盒倒出來的串珠上，會讓你有如踩到肥皂泡般，在走廊上滑行！

另一種玩具沒那麼痛，但同樣令人懊惱，這就是拼圖。對拼圖的好惡人人不同，有人喜歡，有人討厭。

比如我們家某個孩子就曾以盯著臭乳酪的眼神看著四片式拼圖，而那幅拼圖是積極的爸媽希望在孩子上幼兒園之前，刺激孩子神經發展（並且讓他有事做）用的。

另一個孩子則希望每年都有新拼圖，而新拼圖也必須有更多拼圖片，最後在我們的餐桌上攤著一千片的曼陀羅拼圖。起初我們還能在餐桌一角用餐，但隨後拼圖越變越大，因爲一開始總是從邊緣拼起，接著會一小堆一小堆的，分門別類堆放。有一餐我們是站在廚房裡吃的，後來我們全家人都撲向那幅拼圖，發揮實力，用一個下午將曼陀羅拼好。

在惱怒下形成的集體活動居然帶來了高度樂趣，還眞是奇特呢。

另一幅較小的拼圖雖然只有五百片，難度卻更高。畫面上是黃昏時的紐約時代廣場。純粹就數學角度來看，把每個拼圖片的每一邊和其他拼圖片相互比對，直到全部的拼圖片都各得其所，應該是可行的。但拼圖上的摩天大樓群擁有上百萬片黑色小玻璃窗，外加前後難辨的計程車細小黃點、不計其數的黑色柏油路面以及背陽的大廈牆面等，令人眼花撩亂。

不經一事，不長一智。這一次紐約時代廣場不再放在餐桌，而是放在茶几上。結果這個萬年挑戰就像一個無法癒合的傷口，一直攤在那裡。路過的人都會被它吸過去，試著至少爲一片拼圖找到歸宿，等任務完成了才重獲自由離去。

在無聊又冗長的電話通話中，有時我也會在嘟噥著：「對，對，哦」，不仔細聽對方說話時，還能完成個兩、三片。

不知何時我們終於跨越了臨界質量，一大半的圖都拼好了。某天傍晚，我又累又空虛的返回家中，見到家人都默默的圍在拼圖茶几旁。我放下包包也坐過去，這一次就跟上次的樂高組合奇蹟一樣，無需言語，我們就靈犀相通。

我們在茶几旁度過了一個漫長而又美好的夏日傍晚，當陽光在地平線上消逝時（譯註：在德國的夏天，要到九、十點後天色才完全變暗），我們家的拼圖迷孩子終於得意的把最後一個圖片放到正確的位置上。

我發誓，那個圖片和那個位置，我曾經試過不下上百遍。

17.

養寵物的後果

「等我升上五年級，我就有能力照顧動物了！」

聽起來頗有道理，但又不是這麼回事。

上學是義務，養不養寵物卻是一種選擇。

還有，在特殊情況下，該由誰照顧寵物？是爸媽！一隻寵物會使我們職責倍增，從「作業寫好了嗎？」變成視飼養的寵物而定。「你作業寫好，餵過天竺鼠／清好貓砂／遛過狗了嗎？」

這是一直以來，我們禁止孩子飼養寵物的理由。

但話說回來，老婆大人和我都是在飼養寵物的家庭裡長大的，而養寵物並沒有對我們造成任何問題。

「養魚吧！」朋友們建議。

我錯愕的看著他們。魚應該是最差的選擇吧：魚你不能撫摸，卻還是得餵。

「要不就養烏龜吧。」

是啊，我也可以養耳夾子蟲（蠼螋），反正一樣好養。

「我們班有個男生養了一隻忠實蜥。」一個孩子宣稱。

嗄，他養了什麼？

「是鬃獅蜥啦！」

「才不是！」

「就是！」

「你這個笨蛋！」

我彷彿已經聽見他們在爭吵：「昨天是我清貓砂的！前天是我遛狗的！上個月是我餵鬃獅蜥的！」

哼，眞是好棒棒。

但天下的父母當然都了解，飼養動物對小朋友是有好處的。他們可以對著自己的寵物大哭一場，也能學到負責任的態度。

因此我們並不是那麼排斥。嗯，「我們」其實是「我」。

老婆大人想法可就不同了。「如果我們養寵物，總有一天牠會死去，這樣好傷心，我不想要這樣。」

但愛與別離，不也是一種學習過程嗎？

「我的寵物鼠，還有我的貓、我的狗死了，都讓我好難過，我不想再經歷這種事了。」

老天，我怎麼不知道，她是在農場裡長大的。

「天竺鼠不會活那麼久，」我們家一個孩子插嘴說：「你可以疼愛牠們，可以跟牠們依偎，而如果牠們死了，也不會那麼難過。」

這種想法還不賴。再說，我們家用的是拉門，也不可能在上頭開洞供貓咪出入啊。我有朋友住家情況和我們類似，而他們的對策是無論白天黑夜都乖乖聽命於他們家那隻心情特別不爽的公貓。瞧牠那瞅人的模樣，不如叫牠邱吉爾算了。

對天竺鼠的提議我附議。牠們壽命不會太長，但又長到值得為牠們購買籠子。牠們飼養起來不麻煩，也能把籠子放在戶外！這對我來說是一大優點，因為青少年房間的味道混合木屑上動物尿騷味，那種味道總是令我想起美國德州的酒吧。

「那麼天竺鼠就由我們養吧，你就假裝牠們不存在。」我如此告訴老婆大人：「這樣萬一牠們不在了，你也不會發現的。」

她瞧著我的眼神彷彿在說：「我很清楚，最後是誰得照顧這些動物！」而我也以眼神回應：「我不懂你在說什麼。」

　　我們決定領養動物收容所的二手天竺鼠。第一，這樣比較便宜。第二，領養收容所的動物是樁善行。還有第三，嗯，我承認，是因爲這些小傢伙已經活了好幾年了。雖然我們家孩子信誓旦旦，保證未來十年他們會至少一天二十四小時照顧好這些新寵物，我還是不信。

　　頭幾個星期，他們都吵著誰可以餵牠們，誰可以清理牠們的窩。

　　接下來幾個月，他們都吵著誰得餵牠們，誰得清理牠們的窩。

　　而偶爾他們也會爭，養貓或養狗會好玩多了（沒錯）；還說如果是貓狗，他們就會好好照顧（才不）。但只要朝天竺鼠籠瞥上一眼，他們就會認清自己的本性了。

而教育效果也清楚浮現。上五年級的人有能力照顧天竺鼠；而上五年級的人，也必須悻悻然認清，一旦你把天竺鼠召喚出來，就得照顧牠們直到屆齡退休（幸虧是他們屆齡退休，不是我們。）

偶爾我們家小朋友的朋友會來我們家，而且一定要和小天竺鼠玩。這時我往往會想，我們可以開家寵物出租店。如此一來，小朋友的爸媽只要出點小錢就能向我們租寵物，直到他們家小朋友不想再清貓砂，不想在下雨天清晨出門遛狗，或是連將兩把草料放進飼料槽裡都懶。我彷彿已經見到遍布全國，類似交換房屋、交換老婆的網路仲介商機了。如此一來，養狗人士度假時不僅不須再支付狗旅館的費用，還能從幫自己照顧毛小孩的人手中賺到錢呢！

幸運的是，我們作父母的從一開始就很清楚，唯有明定規則，並且嚴格要求孩子執行，飼養毛小孩方能順利進行，並且發揮教育效果，否則受害的就是自己。

而最明確的規定便是老婆大人的規定：天竺鼠由你負責！

沒想到這條規定不僅效率高，而且非常管用，因為她把想推卸責任的孩子一律交由我處理，自己完全不管。這表示，孩子們無法利用我們的矛盾獲得好處，如果一方態度強硬而另一方不干涉，界線就很清楚。（而如果我態度軟化，長期代爲照顧天竺鼠，那麼至少也不會有人怪罪我。）

所以因應孩子們的請求，我也允許他們在狂風和惡劣的天候下，清晨與夜晚各出門一趟，去照顧他們一心想飼養的動物。

我們也很明智的將這個相當成功的辦法擴及到其他領域，較簡單的家事如何分派和監督，交由全世界最棒的妻子負責，我則置身事外。

至於作業是否做得夠好，是否能獲准在晚上看半個小時的電視，她則把決定權交給我，並且不會嘮叨（就連我偶爾煩了，看都沒看就讓可能需要一點小訂正的功課過關時也如此）。沒錯，教養這件事向來主觀而且視情況而定。

關於使用手機的這件事情，我們都知道，只要遵守規定，就能有最佳使用效果。手機上網嘉惠眾生，在超市排隊等待結帳時，我們可以查看電子郵件以便升高自己的壓力指數——這種好處我們還不想讓孩子們享受。「可是別人都有手機和上網吃到飽。」人盡皆知嘛。

我們想到的對策是：我們送你們手機，並且付你們打給我們的電話費，其他你們自己來！

孩子們聽到「我們送你們手機」就不再注意聽，只顧著開心點頭，所以我把速度放慢又說了一遍：「醜話說在前，我們幫你們買手機，只有一次。如果你們搞丟了或是摔壞了，那是你們的問題。你們的通話費我們不付，除非是打給我們，或是有必要，比如學校課程突然取消或是你們想跟別人相約見面等等。」

幾星期後震撼彈便出現了，第一張預付卡用完了。「怎麼這麼快就用完了？」出現無辜的臘腸狗眼神。

「我也不知道，不過可以查通話記錄。」

結果出現一通一個半小時（！）的通話，費用將近九歐元。

錢從哪裡來？我們約定未來幾星期少給零用錢，並且暫時取消自行支付固定月費的選項。我從飼養寵物得到的教訓是：升上五年級的人，確實有能力把動物照顧好；你只須放手讓他去做——並且堅持這一點。在這種時刻，做父母的不必太有彈性。

結局歡喜，便皆大歡喜。

唯有生命的終極結局例外。老婆大人如今自然也愛上了那些毛小孩，所以我現在就很清楚，在不久的將來她會因爲對牠們滋生出感情而生我的氣，只不過，時候還未定。

總之，人人都得爲自己所做的決定負責。

18.
主題日

在管理學中有個相對新穎的觀念：如果事情沒有照著我們設定的走，我們就改變作法——基本上怎麼改都行——再看結果如何。

大概是這個意思。我是經理人嗎？

這個中心思想聽起來挺有趣的，同時帶給人許多想像空間。我們不必不停追尋正確的對策，不必開會或召開家庭會議，只須運用刺激／反應的簡單模式即可。就像從前上化學課一樣，我們把各種物質倒在一起，期待除了出現泡沫或色彩變化，還能出現點別的，比如一次漂亮的小爆炸。如果我前面加的物質不同，後面出現的結果就會不同；這個法則在當時便已適用。

家庭生活中也有許多美好的情感實驗，而我們相當喜愛的一項便是「不抱怨」。

不發牢騷、不抱怨、不挑剔、不責備，這樁任務難如登天，難到我現在又開始發牢騷了。該死，糟糕。

壓力正彰顯了我們的重要性，而我們又是如何表現壓力的呢？沒錯，就是發牢騷抱怨。此外，不是老有人說，幫情緒找到出口，不要忍氣吞聲，是非常重要的嗎？

可惜想對抗舊習，光靠決心，效果相當薄弱，就算我們引用聖賢甘地的話，也於事無補。他曾經坦承：「我也會憤怒，但我不會表露我的怒火。」因為「經過控制的憤怒能轉化為改變世界的力量。」這段話聽起來好棒，我想至少我應該試試看。

這是為了行善。

我坐在老婆大人和孩子們對面，不斷張嘴，隨即又無言的合上。難道我真的只會指責他人嗎？

我身邊的氣氛愈來愈嗨，孩子們彷彿花園裡的玫瑰扦插枝，一身泥濘的從幼兒園回來。我忍住想翻白眼，以及質問「你們又搞成什麼樣子了！」的衝動，只是短短問了句：「玩得開心嗎？」他們則興奮的把經歷的事一股腦的說出來。效果不賴，我繼續使用這一招，我沒有抱怨岳母在我們家待太久，反而稱讚老婆大人深諳和岳母相處之道。老婆大人開心的笑了笑，但有點狐疑的瞥了我一眼。

「不抱怨」有兩種手段：要嘛視而不見，要嘛改變現況。我老是疲憊不堪，但現在我不再抱怨，而是要求睡更久。可惜我態度無禮，隔天夜裡差點得在沙發上度過無眠的夜晚。在婚姻生活中，我這個「不抱怨」的初學者必須謹記減少怨言與結果導向的三句金言：描述問題、提出對策、雙方都接受的改變。

「不抱怨」的時間可長可短，可單獨施行也能在團體中進行。一開始只有我一人這麼做，但幾天後我便告訴家人，而他們也興致勃勃，樂意嘗試。不過難度相當高，從玩伴、打掃規定、日托托兒所的食物、上床時間……抱怨的理由多到數不清！而每逢有人在表示不滿時突然頓住，發現自己差點要發牢騷了——你發現了，我們發現了，看你如何脫困；這時大家往往忍不住笑了起來。

最後我們學會了：一、許多事情根本微不足道，只要你不當場發牢騷，很快你就會將這件事遺忘，而且這樣很好。我並不想刻意美化外在環境，但如果能至少不去醜化它，其實也挺好的！二、我們能改變的，或者至少能影響的，比我們所想的要多得多。就算非得抱怨不可，至少也該提出建設性觀點，這樣談話往往會出現出人意表的大翻轉。比如經我們詢問，其他小朋友是否也認爲托兒所的食物難吃（事實也是如此）後，我們再向托兒所人員詢問，他們是否對供應商滿意（他們不滿意，但是沒有時間管這件事），並且推薦較理想的供應商。如此這般，幾星期過後，問題果然解決，而且皆大歡喜（前供應商除外）。我相信，如果沒有我們這種新的溝通方式，就不會出現這種結果。

想要破除舊習，設立一個「好」日子，不失爲簡單有效的辦法；而週末便是最適合實施的日子。規則很簡單：只要不是絕不可能的任務，不管對任何人、任何事，我們一律得說「好」。早餐吃油煎餅好嗎？好！你可以打掃一下自己的房間嗎？好！你可以協助我做作業嗎？好！我們躺一下，「午休」好嗎？好！我知道，你們不怎麼愛玩扭扭樂（Twister），可是我超愛的，我們可以一起玩嗎？好！

在我們家並沒有人惡意利用這個「好」（必要時，你也可以說「不好」），但藉由這個機會，我們可以請人做他們平時不一定願意做的事，因爲在「好」日子裡，你知道別人很可能會願意配合，這大大減輕我們的壓力。

另外，我們還想出「主題日」的活動，讓我們有機會以有趣的方式改變看待事物的視角。許多事情都可以這麼玩，比如我們家孩子曾經參觀過學校博物館，爲此他們必須儀容整潔，頭髮梳得整整齊齊，還得排隊、不准喧嘩，並且上了一堂嚴格的課。他們覺得好玩極了，於是後來我們決定「像從前的人一樣」相處一天。對於「從前」父母和子女是如何相處的，我們所知不多，所以我們便發明自己的規定。我們知道，五十或一百年前，父母是會打小孩的，但我們可不想這麼做。我們規定，孩子們必須乖乖接受我們的任何要求，並且去執行，還得像從前的人那麼彬彬有禮，用「您」和「父親大人」稱呼我們，並且自動自發的做他們該做的事。

這樣實在太有趣了，但後來孩子們突然投下震撼彈，要求道：「母親大人頭上要帶髮捲；父親大人要坐在廚房桌邊抽菸斗。」

上個世紀也算是「從前」，於是我們圍坐在一起，把我們一知半解的知識拼湊起來，甚至向爺爺奶奶請教。這眞好玩，還能增廣見聞，簡直是一種角色扮演的嘉年華。

除了上述的主題，我們也可以設定其他主題日。有一次我們假裝是什麼都畏懼，什麼都擔心的一家人：爸媽擔心孩子們成績不佳，孩子們擔心自己的未來──我立刻覺得自己又重返後車諾比冷戰時期。這個靈感來自我們家一個孩子同學的媽媽，她事事都擔心，於是我們開始思考：這是怎樣的感覺呢？

如此這般，甚至嚴肅的議題，也能以遊戲的方式加以探討。

除了主題日，我們還有「指揮官日」，比如壽星可以決定當天要做什麼，而壽星的要求大抵是常見的出遊：動物園、看電影、黑光迷你高爾夫球。要求雖平凡，但平凡中總有不平凡之處。

例如，上電影院看一部平常我們不一定會看的電影；在動物園裡，我們提著兩公斤重的飼料餵山羊，還和這些平凡的動物共度半天的時光。而爲了玩黑光迷你高爾夫球，我們全家無論老少，一律穿上一身白衣，儘管這種裝扮超級可笑。

還有一種實驗也很好玩：不管做什麼，我們都用走的！結果很快就變成了：不管做什麼，我們都不開車。這麼一來，我們至少可以騎自行車或是溜滑板；而路程更遠的話，也可以搭公車、火車。

或是一整天都不吃糖。這項規定聽起來沒啥了不起，執行起來卻很難。孩子們很快就發現，如此一來就得自己做飯，這樣倒也挺好玩的。不過，水果算不算糖？沒想到一個簡單，平淡無奇的開頭，就演變成對食物與慾望的討論。（不過，「無糖」主題日在我們家不太受歡迎。）

電影裡如果有人得了癌症，大家往往一起剃光頭表示支持。類似這樣，我們也有過「無麩質日」、「無堅果日」與「無乳糖日」，因爲我們的朋友圈裡有人對這三種物質過敏。

主題日的功能相當廣泛，能讓我們得以嘗試我們原本未知的行爲，我們可說是對自己提出人爲的挑戰，以測試我們會如何處理這些規則。

此外，主題日也把我們緊密牽繫在一起。主題日讓我們有機會探索自己的人格，爲了我們自己而探索，但也與他人合作。當我扮演某個角色時，我究竟是誰？我們不只以不同的角度審視自己，也審視他人，並且學習去實踐自己提出的任務，而這種能力對我們孩子未來的生涯發展，絕對比之前更加重要。

主題日也有簡明版，比如「陰陽日」。陰陽日特別適合小朋友，也特別適合單調乏味，全家都感到無聊或煩躁的日子。生活中總會出現這種情況，而每當這種時候，我們就在日曆上貼上太極陰陽圖，從這一刻起，人人都有一個小時可以提出要求。在我們家這要求可能是：有個孩子希望別人幫他打掃房間，有個成年人想外出散步，而另一個孩子則要大家輪流唸故事給他聽……

總之，所有這些訴諸角色扮演與生活、要求、服從與我，以及在不同情況下的可能性等等嘗試，提供給我們機會以嶄新的、不同的方式對待子女、伴侶與自我。我們不只是爲了好玩而玩，更是爲了生活而玩。

19.
公民不服從

「你好，我是洋。」我旁邊的女人如此說，而我則感到納悶：「女人取這種名字眞稀奇，她可能是斯堪地那維亞人吧；不過她外表一點也不像。」

家長日活動即將開始，這時我恍然大悟：和我坐在同一張雙人桌的這位母親，她介紹的不是她的名字，是她孩子的，她是洋的媽媽。

家長日活動還沒開始，過度認同已經使鄰座這位女性的語言水準降低到：「我叫咖哩香腸」的程度了。

似乎有愈來愈多父母是透過自己的孩子來定義自己的。「我們打網球」意思可能是：我們是未來的葛拉芙（Graf）家族（譯註：葛拉芙是退休已久的德國知名女網選手），或者父母自己雖然連乒乓球拍都沒拿過，卻認爲女兒將會是下一個小威廉斯（Serena Williams）。而當他們說「我們還得學單字」、「我們還得練習聽寫」，意思等同於要有人唸課文給孩子聽寫或考問單字。但如果孩子們說：「今天我們（我和爸媽）有很多作業欸，」（抱怨沒時間玩），這種說法可就很不OK。

我本來是這麼想的。

直到我這輩子第一次幫女兒完成功課，好讓她有時間玩耍。而且彷彿這樣還不夠悲慘，隔天吃午飯時我還緊張兮兮的問她：「怎麼樣，老師說了什麼？」我想知道的，不是老師是否發現答案不是三年級生寫得出來的，而是老師對這份作業到底是褒是貶。

結果女兒只是聳聳肩：他們的課表又亂掉了，前一天還那麼重要的家庭作業，今天壓根兒沒人理會。更糟的是：下一堂課他們沒時間複習，必須繼續往下上。女兒和我都從中學到了一課：其實沒有人在乎作業做了沒。而往後幾年，這個觀察結果也一再獲得證實。或者應該說是：只有在極少數的情況下，才會出現令人意外的特殊案例。

好吧，我承認，家庭作業的目的在於複習、深化、精熟課堂上的學習內容，不是爲老師而做的。沒有寫作業的人是咎由自取，遇到考試或隨堂測驗時這種人只好發呆。

如果家庭作業主要是課堂上學過的內容，而且是學習精神不佳的女學生下課時，用基本工具就能迅速抄完的程度，我是可以接受的。

但我從我們家每個孩子的家庭作業學到的卻是：份量太重、內容和課業不相干，而且遠遠超出授課內容。

結果顯然是，無論家長願意與否，學校都強制把部分教學責任轉嫁給家長。我忍不住思忖，既然這樣，我們也可以扮演長襪子皮皮，把世界變成我們喜歡的樣子。

問題是，我們家孩子上的並不是過度教育的體制外小學——這樣說不定更好；我們講的是非常普通的公立學童集中飼養場。而頭幾年，這種學校就讓我的期待落空，讓我們先入爲主的觀念破功。我們家一個孩子的小學老師相當資深，我們原本寄望她經驗豐富，結果她只是倦怠又缺乏教學熱忱。另一個孩子也念同一所學校，他們老師剛剛大學畢業，我心想，這下有好戲看了。結果也確實如此，她擁有高度的企圖心和熱忱，而且少見的嚴格。

很快，我們就發現家庭作業是生活中的一大干擾。家庭作業似乎可以分成兩類，如果某一科今天跟明天上，再來要等到下星期才上：那麼也許因爲老師還記得課剛剛上過，所以很快就會出一大堆作業；但是從明天到下星期的這段時間卻完全沒有作業。想來根據老師的經驗，學生們反正會把作業拖到最後一天，最後忘了做，而哪個老師想給自己找這種麻煩呢。

況且現在課程表已經進化到機場班機起飛表的精細程度，不時會出現意外。比如某一天排滿了副科，上完美術、體育和音樂，到了第八堂還有歷史。排課的人可能認爲，到了第八堂，上課不專心也沒關係。隔天則是數學、德語、英語和第二外語，雖說小朋友的腦子大有可塑性，但這種集中式課表到底想塑造出什麼？

家庭作業也是依照同樣的邏輯。就比如說，小學生一天寫作業的時間不該超過30分鐘，因爲他們還需要玩耍。不知誰曾經說過，這樣才有益於孩子的「發展」。結果呢？小學生的家庭作業變成每一科30分鐘，因爲老師哪會想到，其他老師也都想分享這30分鐘呢！請您想像一下，結果是大災難，偏偏其他老師也堅持不肯放棄，因爲一旦放棄，就白白浪費了寶貴的作業時間，當然不可以。

而我們這些做家長的又從中學到了什麼？我們可以更自由的爲孩子安排下午的活

動！反正沒有哪位老師會檢查30份作業有沒有人抄襲，而見到平時成績差的學生答案居然全對也不會感到奇怪。爲什麼？因爲老師和學生同樣壓力太大應付不來，沒時間、沒力氣，什麼都做不好。

因此，有一天我們決定，如果哪天作業不是那麼重要，而當天下午我們又有更棒的活動（比如好天氣加朋友加足球），我們就幫他們做作業。這麼做好嗎？這樣有幫到孩子嗎？我不知道，不過我很歡迎大家一起來討論。

一開始是從幾道數學習題開始的，當時時間已經很晚，我們家的孩子卻沮喪的哭泣，而我知道，她如果沒有把作業寫完，就會因爲擔心而睡不著；而如果我讓她繼續寫，她也沒辦法睡；而無論哪種情況，學習效果都等於零，於是我就幫她算，不久之後她的呼吸終於緩和下來，瞌睡蟲也來了。

我原本以爲那次是唯一的例外，結果證明，例外總是成了常態。

到目前爲止我幫孩子解過數學方程式，寫過英文報告，算過不同物質的密度（小學生怎麼會知道，鈾的密度大於黃金？你家孩子的家家酒商店到底附上了多少鈾和黃金？），詮釋過畫作，還動手做了火山。

當我一一列出自己的豐功偉績時，我感到萬分羞愧，而且覺得自己很可笑。我們家孩子的幼兒園，有個孩童是在德、英雙語環境下長大的，但他的爸媽既不是英國人也不是美國人，他們只是把自己在語言學校學來的英語教給下一代，結果害他有嚴重的語言障礙，他的德語和英語都沒人聽得懂。

我也一樣嗎？我究竟是在減輕孩子的壓力，或者我只是在幫倒忙，反而把他們培育成了騙子？

我想當個解決全世界所有問題的好爸爸嗎？

目前我的假設是：學校老師已經盡力了，只是他們的工作環境不盡理想，而結果也不是適合每個學生。我努力想釐清：我女兒是不是太懶了？我兒子是不是想上網而不想寫作業？或者明天有比完成高難度但意義不大的作業更重要的事要做？我幫忙的目的是什麼？還有，我爲什麼要幫忙？必須等到我自己對這些問題找到了滿意的解答，我才願意破例協助。因爲例外必須是例外，不能變成常態。

我們陪伴孩子走的路很漫長，有時這條路走來無比輕鬆，陽光照耀，背後還有微風推送；另一些時候卻崎嶇多難，有著強風暴雨，必須逆風而行。最理想的情況自然是，孩子與生俱來的好奇心、求知慾以及好勝心被喚醒，然而在某些時刻，我們依然得推他們一把，或是暫時背起他們。

但願將來我們孩子記得的是「曾經在我束手無策的時候，爸媽對我伸出援手」；而非「在求學時代我非常懶散，爸媽總是幫我寫功課。」這就像是走鋼索，但溫和的公民不服從，顯然也是我們家學到的一課。

看到這裡，如果您點頭表示贊同，這代表我提出的理由多少有道理，而將來我也能以「幫孩子寫作業的道德難題」，發表這篇感言了。

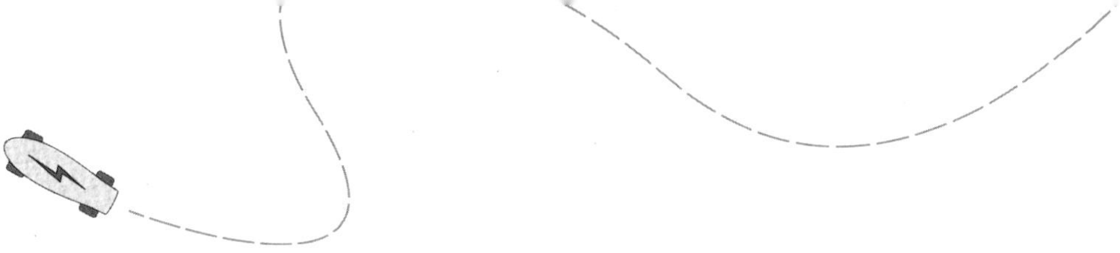

20.
我們去投票

「我們需要您！」這幾個大字出現在十字路口的廣告看板上，這個廣告勾起我的興趣，加上當時我恰好想嘗試新鮮事物，於是我果真撥打上頭的號碼，並且在幾天後收到一封信。這封信外觀看來像違規停車的罰單，寄信者是市政府，信裡對於我願意擔任聯邦議院選舉的志工表達讚許與感謝。

這可是相當特別的事呢，在我們的家族和朋友圈中，還沒有人做過這樣的事，至少我還沒聽人談起過。而我們家孩子則想知道，如果我擔任選舉志工必須做什麼事、時間多久；還有，是不是有酬勞。

我回答：「不知道。一整天。有酬勞。」

「我可以跟你去嗎？」兒子問。

「去哪裡？」

「嗯，就是跟你去當選舉志工呀。」

「不行，當然不可以，這是非常非常正式的事情。還有，你現在才八歲，這種選舉要十八歲以上的人才能去。」

「就跟情趣用品店一樣嗎？」

「欸……對。」有時我忍不住會想，孩子們的知識，到底是從哪裡得來的。也許他們在路上行走的時候，所關注的要比我們所想的多多了。我決定找機會釐清性愛和聯邦議院選舉的差別，以免兒子在學校上性教育課時說出：「我爸爸每四年都會做一次，而且別人做的時候他也幫過忙，還賺到了錢。」萬一他這麼說，可就太怪了。爲了保險起見，我趕緊向他解釋：「選舉和 sexen 完全不一樣。」

在此簡單說明一下：德文「sexen」這個字可能有許多小朋友使用，但是字典裡還沒有收錄。「sexen」的意思等同於一起睡覺、發生性行爲。比如我女兒就曾說過：「大人如果不想生寶寶，就不可以 sexen。」小朋友的觀念可眞保守。而有一天我兒子頗不以爲然的說：「你們有三個孩子，所以你們已經 sexen 三次了！」我太太和我都表示他說對了，但是並沒有更深入解釋；有些事還是不說的好。

再回到選舉這事兒。「我要先去受訓，到時候會有人告訴我，當選舉志工要做哪些事情，我們再看看你能不能也一起去。」聽我這麼說，兒子就滿意了，而我也趕緊把選舉志工函裡下一次的受訓時間找出來。

這次的課程包含幾場演講，談的是選舉權以及選舉的一般流程，接著向受訓者詳細說明，那個星期天選舉日的每一項工作。哇，要考慮的事可眞多呀！區區一個晚上，我們就學到了許多知識，而沒想到，德國的選舉大多能相當順利的完成。選舉志工團隊能一起工作挺好的，我希望有人懂得比我更多，這樣總會有人知道該做什麼。另外，我們還收到了一個電話號碼，選舉當天無論遇到什麼問題，只要撥打這個號碼，都可以得到專業的解答。我決定把這個號碼背起來，再用粗黑的筆寫在我的下手臂，就像我們去遊樂園時，會在孩子的手臂上寫上我們的電話號碼，以防彼此走散。如此這般，我覺得自己已經爲選舉日做好充裕的準備了。

「有人選過你嗎？」選舉前一天吃晚飯時，兒子如此問我。我想了想，我從沒當過班長，不過——

「有，班上同學曾經選我當班級日誌長。在我們學校，班級日誌長就是負責把班級日誌寫得有條有理的人。」兒子帶頭哈哈大笑，其他孩子和媽媽也跟著笑了起來。「而且我做得很好！」怪不得我們家人會有這種反應，因爲我最拿手的事，就是把東西搞得亂七八糟。

舉凡我待過的地方，不久往往就一片混亂。證物A是我的書桌，有一段時間我連自己的桌面是什麼顏色都不知道，桌上的物品多到我必須將辦公椅的高度調到最高。另外，我也曾經必須把椅子稍微墊高，否則就無法好好工作。更嚴重時，我甚至只能站在桌邊工作。還好，據說這樣對維持良好體態深具奇效。也許我在學生時代還不像現在這麼亂，那一年，眞的因爲我是全校把班級日誌整理得最好的學生，而榮獲表揚。如果奧運有這個競賽項目，我一定能入選國家代表隊的。奇怪的是，後來我並沒有再被選上。

總之，但願我還保留了這種有條理的精神，能讓這次的選舉順利進行。

選舉當天很早就忙起來了，我們投票所全部的選舉志工在選舉開始前便早早集合，開始搭設投票間、懸掛標誌、備妥投票箱。清晨八點一到，就有選民來投票，而將近中午時，老婆大人和孩子們也來了。老婆大人投完票就走了，卻把兒子留在我這裡。兒子一直待到當天結束，也全力幫忙：在選舉人名冊上尋找投票通知單上的姓名、核對證件、發選票，還不時巡視，看投票間的筆夠不夠。總而言之，他滴水不漏的讓每件事都妥妥當當。選舉即將結束時，他還走到門口，等著晚上六點一到就把門關上。我心想，將來他可能會成爲歐洲安全與合作組織的選舉觀察員；要不，就是擔任某某迪斯可的門房。

「你可以讓外面的人進來，我們計票的時候，人人都可以來看。」主任管理員告訴他：「這麼做完全沒問題。」一般人經常會搞混，投票是不公開的，投票時別人不許看；

計票卻是公開的，人人都能在投開票所見證，選舉有沒有動手腳，只是不得干擾開票。

於是我們一起計票。我兒子很可能是那個選舉日年紀最小的志工，但絕對也是最仔細的。他不時會查看有沒有選票掉落到桌子底下，查看投票箱是否完全清空，並且把所有勾選一人以上的選票都拿掉。

「咦，你拿這些票要幹嘛？」

「這些票無效，每個人都只能打一個勾。」

「是沒錯啦，可是這些廢票還是得計算。」

「四十七張，我一邊拿一邊算過了。」兒子說。沒有任何一張選票遺失，最後所有的選票都計算完成，並且仔細打包送走。我們對自己的工作成果相當滿意，而我下手臂上的電話號碼，我一次都沒有撥打過。這次拿到的車馬費，我當然和兒子共享了。

當天稍晚，我們全家一起看電視新聞。選舉當然是大新聞，而電視上播出的投票所，看起來也和我們的一模一樣：桌上一堆堆高高的選票、志工們仔細抄寫、登錄一切資料，唯一沒看到的是個生平首次體驗民主如何運作的八歲男孩；說不定將來他也會成爲政治人物。

「爸爸，今天好棒！下次我還要跟你一起去！」

「哦？什麼是你最喜歡的？」

他毫不遲疑的回答：「就是我拿到了二十歐元！」

沒錯，他絕對會成爲政治人物。

21.
吵小聲點！

靜坐冥想的價值不容小覷，靜坐冥想是一種新流行、是當紅炸子雞，堪稱是鳳梨瘦身法的復刻版。靜坐冥想有助於抗壓、提升專注力，對失眠與憂鬱的人都大有助益，沒有經常靜坐冥想的人，算他活該。

靜坐不只對我們有好處，對他人也大有裨益！比如女性伴侶、最要好的朋友、媽媽或脾氣不好的女收銀員等，這些人都亟需內心的寧靜！

同理，靜坐冥想對我們的孩子更是重要，他們應該活得比我們好；我們也發現，放鬆心情並保持心境平和，對我們成年人是莫大的挑戰，怪不得靜坐不語這種「古早以前極端嚴苛的教育措施」重新挖掘出來，成了「新興教養潮流」。

我原本期待，我委婉的暗示，孩子們能有所反應。星期天清晨我收攝心神安坐在客廳中央，盼望他們也會過來坐下，像幼犬般靠在我身邊，自動自發的靜坐冥想。

可惜天不從人願：他們拖著腳步，懶洋洋的從我身邊經過，接著一屁股坐到沙發上打開電視機，顯然高估了我的靜坐境界。

不久果然又回復安靜，現在只剩我一人，我終於可以在不受干擾的環境下，體察自我的情緒暴衝。根據冥想師的說法，重要的是，要專注且細心體察。

我心想，山不轉路轉，路不轉人轉。

於是下次孩子們在玩拼圖、聽廣播劇或是眺望窗外時，我便走到那個似乎很悠然自在的孩子身邊坐下。結果孩子們都抬起頭來，深怕我要他們寫作業。每當這種時刻，要是我默默不說話，只是跟著他們眺望窗外，或是偶爾默默把一片正確的拼圖片遞過去，原先的情緒波動就會迅速平息。

這樣很好，可是這樣就算是冥想嗎？這樣就能幫助他們對抗體重過重和高血壓嗎？他們會因爲這樣而成爲更優秀的團隊領袖嗎？

我坐在那裡靜靜思考著，突然間氣氛變得劍拔弩張，孩子們吵了起來。我不知道他們在吵什麼，也不知道他們是如何起爭執的，我對當下的情況顯然渾然不察；就跟大多數的時候一樣。

看來我的冥想還不太順利。

我起身準備離開房間，臨走時拋下一句向來有效的話：「拜託吵小聲一點，好嗎？」

然後呢？我該如何告誡他們，要他們給我安安份份坐著別吵，我都是爲了他們好？

瑜伽被視爲是靜坐冥想的初階，如此說來，兒童瑜伽應該也是兒童冥想的初階囉？但無論這種受遠東啓發的橡皮人體操對兒童有多大的好處，放鬆依然有別於沉思冥想。

我差點就要用獎賞鼓勵他們了：誰能安安靜靜坐上五分鐘的，可以不必收碗筷；能坐上十分鐘的，零用錢加倍；而能撐上十五分鐘的，就可以「忘記」寫作業一次。

幸運的是，在我尚未宣布這個辦法前，當我自己練習冥想時，我就發現，這個點子有多荒謬（加上多麼思慮不周）。

於是我放棄了，我不知道該如何繼續，只好放手。

就讓他們跟其他人一樣活在壓力下，承受必須成功的壓力吧！哈，總有一天他們會嘗到苦果的！到時萬一他們病了，我是不會表示同情的，哦，我絕對不會。我反而會哈哈大笑，說：「你看，你該圍圍巾的，誰叫你不肯！」

儘管這樣，我還是無法強迫他們。也無法強迫我自己。

在這一瞬間我開悟了，我終於領悟其中的道理：道路就是目的。人生即苦，「捨」才是開啓喜樂之門的鑰匙。

從前我一直認爲「捨」這種想法過於崇高，不適合我的世界。但事實正是如此：我希望自己的孩子能活得好好的（還有，我承認，我希望自己也能活得好好的。）而我正死抓著這種執念，是這種執念阻撓了我。

如果我捨棄這個想法——冥想，是讓我自己、我的孩子，更是讓世人通往喜樂的道路——「捨就是得」，冥想就會自動成爲那條道路了嗎？哦不，這根本沒道理。那麼，孩子們就會自動領悟了嗎？一樣沒道理。

我就不會那麼執著了，就是這樣。

怎麼收穫怎麼栽，這是天地宇宙間的公正。總之，有一天我和我一個孩子就這麼坐著，我根本不知道事情是怎麼發生的，沒有收音機，沒有手機，陽光燦爛，外頭美極了。我完全忘了我的書，也懶得起身。風涼得恰恰好，不會太冷，鳥兒也跳來跳去。萬物充滿色彩，世界以快動作和慢動作同時運轉，我彷彿同時以放大鏡和望遠鏡照見世界，眞理通過我的所有毛孔，流貫全身。

就在我覺知這一刻有多美好時，這美好的時刻當然也就幻滅了。我們彼此凝望，聳聳肩，接著走進去拿書、拿手機，打開收音機，做事，回歸日常。

後來，同樣的覺知又出現了幾遍，雖然不再那麼強烈，但總是聊勝於無。有時在散步時，有時在我們必須在某處等候時，在戶外出現的機率又大於在室內，總之是不會過於喧囂的場所。

現在我是這麼想的：我不時練習靜坐，並且忍受世界沒有我的干預，也能順利運轉。這麼做雖然很難，但並非不可能——而突然間，孩子們也辦到了，彷彿靈犀相通。

這或許不無道理。

父母如果關心政治，經常看新聞，孩子們往往也會知道阿富汗位在何處。父母如果聽古典音樂，孩子們就會知道貝多芬第五號交響曲。父母熱愛健行，孩子們就愛健行——父母吃得健康……嗯，如此這般。

也許孩子們本身並不那麼愛奉行，而有一天他們或許也不再聆聽歌劇或是親近大自然，但只要他們想，他們就具備這種能力。

我們能給他們的最棒的禮物便是：讓他們在具備相關知識後，決定要或不要的自由；給機會，而不是規定行爲準則。

偶爾，我們眞的覺得家人一起安安靜靜坐著，在當下敞開心房，這樣很棒；不過多數時候我們並不這麼認爲。

而不知何時，獎懲制度也融入到教養方法了。

「誰要是繼續吵架，就得跟我一起冥想五分鐘！」

「如果你沒有把餐桌準備好，就得冥想十分鐘。」

「收拾你的房間，否則你就得冥想！」

22.

遊樂場

陽光普照，鳥兒啼鳴。太棒了，這下我可以好好放鬆了。帶孩子的頭幾年很辛苦，寶寶隨時隨地需要人陪，而且經常哭鬧。我們推著娃娃車送孩子參加團體遊戲。在超市購物時必須考慮嬰兒車是否裝得下，並且避開孩子鬧脾氣的時段。在公園裡散步時，寶寶睡得香甜，我這個做爸爸的卻走得很累。

等到他年紀夠大，可以前往遊樂場玩時，情況就不同了。當然也會有急切催促孩子的父母：「香黛兒，別再盪鞦韆了，電視節目快要開始囉。」而香黛兒卻只是繼續盪她的鞦韆。這時見過類似場面的旁觀者已經知道接下來的戲碼了：一等她媽媽把菸抽完，拉著她離開遊樂場時，立刻會響起尖叫聲！

不過我們也能安排得巧妙些，減輕自己的壓力。週末（或假期中或某個休假日）是前往遊樂場的最佳時間，孩子吃飽了、午覺睡夠了；照顧他的父母也飯飽睡足了。

背包裡放上一瓶水、咖啡保溫壺、幾支能量棒、一本書或一本雜誌或一副耳機，或以上皆是。孩子身上穿著早就可以丟棄的衣服，而且今天反正還得洗澡。短髮比長髮方便，可惜在時間壓力下，每次都只能稍微修短。

理想的遊樂場應該像少年感化院般架設圍欄，外加阻止香黛兒爸媽進入的鎖門裝置。遊樂場應該夠大，讓你在自家孩子搶走別人的鏟子時，可以假裝沒看見；但又要夠小，當你準備收工返家，而他在溜滑梯上頭睡著時，能夠找到他。

另外還要有一大片沙坑、數量夠多的鞦韆、幾座蹺蹺板、至少兩座大溜滑梯，而且所有設施最好都是麻布料或豆腐材質，才能把受傷的風險降到最低；金屬則太硬，非常不合適。至於遊樂設施之間的地面則以草地最佳，差一點的也該鋪上橡膠墊；砂礫或碎石都應避免。

但最重要的是，在這座天堂等級的遊樂場，一定會有一把以上的長椅籠罩在陽光下，只是依據遊樂場禮儀，假設其餘十六把空長椅都照不到太陽，我們也不能隨便跑去和陌生的爸爸或媽媽共享有陽光照耀的長椅。遊樂場的長椅有如男廁的小便斗，中間必須空一個，除非萬不得已，否則絕對不會和他人共用。在遊樂場上，如果你坐到一把已經有人坐的長椅，就表示你想要認識對方：「嘿，你常來嗎？」如果一切順利，你就可以在自己的長椅上舒舒服服的坐下，打個盹、看看書、喝點咖啡（可是別喝太多，因為遊樂場幾乎都沒有廁所），甚至舒展舒展筋骨，或是稍微閉目養神。大部分我們去過的遊樂場，大家通常能互相協助。有需要時，比如有小朋友跌倒了，附近長椅上的大人就會趕緊過去安撫，孩子再去找他們的爸爸或媽媽。同理，偶爾需要訓斥時（不可以亂扔沙子、不可以推盪鞦韆的人、也要讓別人玩溜滑梯），其他大人也會代勞。幼吾幼以及人之幼。

不難理解，做爸媽的何以樂於讓孩子去遊樂場玩耍，因為這麼一來，生活不但有了變化，也能喘口氣休息一下。至於小朋友為何愛去遊樂場玩，我就不甚了解了。用一組戲沙造型模具玩上幾小時究竟哪裡好玩？不過無所謂啦，反正不是我在玩。

但有一次情況大翻轉，我們抵達遊樂場時，整個場地只有我們兩人。我覺得很棒，可以自由挑選坐哪把長椅，不必排隊等待溜滑梯，也不會有人吵架，讚。

我怯怯的在我心愛的長椅上坐下，接著換坐另一把，最後又坐回第一把。想來參加單身派對的人感受也類似吧，機會多如牛毛，人生卻飛逝而過。

這時我兒子已經乖乖在沙坑上挖起洞來了，這不正是我們前來的目的嗎！

正當我在理想位置，找到了沐浴在午後陽光的夢幻長椅時，兒子卻跑過來，一臉沮喪的問：「跟我一起玩好嗎？這裡都沒有人。」

我承認，我原本期待享受悠哉悠哉的午後時光，況且在沙灘上挖洞已經讓我感到萬分無趣了，而在沙坑上挖洞更是可笑至極。這有什麼好玩的，我又不是四歲小孩！

但我兒子才四歲。

而且他很孤單。

話說回來，我們也該學會忍受無聊、孤獨自處、發揮自己的創意發想，這是所有寫勵志書的教育家都一致贊同的。於是我建議他：「你先玩溜滑梯吧。還有，你不是很愛玩這個會轉的東西嗎？等一下如果還是沒有人來，我再陪你玩，好嗎？」

他聳聳肩跑開了，我則閉上雙眼，頭往後仰。陽光普照，鳥兒啼鳴。

當我再次睜開眼睛時，兒子正從隧道滑梯滑下來，在我眼裡，遊樂場突然呈現末世景象，孤寂、空無一人。我奔向兒子，擁抱他，接著我們去玩蹺蹺板。我們的體重、身高差這麼大，玩起來可不太容易，但我依然努力達成使命。

測試過離心力之後，我們改玩盪鞦韆。我們一左一右盪了一會兒。發現自己盪得沒比他高多少，令我有點沮喪。第二回合我幫他推，這一次效果較好，高、更高、哇！

接下來輪到沙坑。我們把沙子鏟進造型模具裡，倒扣，把成果抹平；再次裝沙……我其實不懂這種創造勞動機會的設施，他倒是玩得不亦樂乎。

最後他露出羞怯的目光宣告征服了新地盤：在遊樂場另一端有個滑索，在此之前，我們只是以敬畏的眼光從遠處打量過它，趁著今天旁邊沒有人觀看，也沒有人催促，我們終於有機會謹慎研究這件設施了。我們先繞著它走，接著上去，把滑輪拉過來；他滑過去，又從另一頭滑回來。我有時間，他有時間。

「你想玩嗎？」他問。

我想嗎？

如果我說「不想」，或是滑到一半就掉下來，那麼他會從我這裡學到什麼？但話說回來，這裡是兒童遊樂場，難度應該不會太高吧？我把滑輪往上拉，接著跳將上去。這種遊樂設施的形狀並不是針對成年人設計的，我抓得頗爲吃力。才剛跳上，我立刻高速滑行，彷彿飛了起來。而突然間我發現自己笑得好開心，我在另一頭跳下來，隨即又跳上去，玩了一遍又一遍！

有那麼一段時間我不知道兒子跑去哪裡了，這種新遊戲就是這麼好玩。來來回回，來來回回。突然間，在我附近有一道身影「颼」的竄了上去，並且發出人猿泰山般的呼喊！只是抵達另一端時他太早鬆手，撞上了小丘的邊邊。過了一下子，我才了解接著傳來的是什麼聲響：他放聲爆笑！我鬆了一口氣，再度跳上我的「藤條」，接著我們一起來回滑行，直到兩人手臂酸麻了才停止。

接著他還想在那個會旋轉的設施上轉圈圈，但我馬上就噁心想吐，太狂妄果然沒有好下場。我趕緊下來，左顧右盼，還是沒有別人。是我錯過了足球甲級聯賽或什麼難得一見的月蝕了嗎？直到今天我依然不知道，那一天究竟是怎麼回事；只知道從此以後，我就再也沒有見過那麼空蕩的遊樂場了。

激情消退，我們玩累了。我們先一起靜靜的坐在長椅上，幾分鐘後，便打道回府了。我累得像在公園裡跑過步，但盪滑索眞的酷斃了。大家都知道，和孩子共同玩耍時，我們也能重當孩童而不必受罰，可以不必進行策略性思考，只是活在當下。而現在我終於理解，小朋友爲什麼那麼愛去遊樂場玩了，至少在他們吃飽睡足時，遊樂場就是這麼好玩，我們只需夠誠實，承認這一點：其實沒有人會多看你一眼。

23.
量子物理學

我們女兒和一名久未見面的閨蜜相約會面。現在的人經常在別的地方過夜，或許因爲在其他地方睡似乎要比在家中睡得更好，但爲了保險起見，這一次我們還是說好六點左右去接她。誰曉得，說不定她和朋友會處得不好。

當天我和老婆大人先去購物、處理大小事，總之就是典型的週六活動，結果我們遲到了。我們打電話到她朋友家，幸好一切都沒問題，女兒在那裡吃晚餐，一切都很好。等到我們略微疲憊的抵達那裡時，她朋友的爸爸爲我們開門。他是那種老愛表現自己最棒的人，他表示：「她們兩人處得很好，今晚她們一定要一起過夜，我也把床都準備好了！」他可不是隨便說說的，他眞的是這麼想的。不過他那誇張的開心模樣，也跟他愛現有關。

老婆大人認爲這個提議挺好的，要不就是她這天下來已經累壞了，現在只想上床睡覺。總之，她想也沒多想就回答：「好啊，沒問題，祝你們愉快。」

我的想法可不同。這一整個星期我都不在家，我很期待星期天能和家人團聚，而且我實在看不慣對方那種「你看我多棒」的嘴臉。不過正因爲我心情惡劣，所以我暫時閉上嘴巴。

老婆大人和那位超級爹地又聊了一會兒，而與此同時我也愈來愈清楚，我真的不想這樣，星期天我想和女兒好好相處。起初我並未察覺自己想要什麼，我就跟一般的德國男人一樣，並沒有意識到自己的感受。

而此刻我則帶著自己的情緒坐在那裡。我該繼續忍氣吞聲嗎？或者該對我重視的事直言不諱？我該怎麼做才是較好的模範？才是較好的丈夫、較好的爸爸？

我該如何忠於自己？

我決定誠實以對，我朝女兒招手，示意她過來，說：「其實我覺得你在這裡過夜不太好，明天不是我們的家庭日嗎？我很期待這一天，所以我希望你現在跟我們回家。」老婆大人與超級爹地都錯愕的看過來，超級爹地甚至還鄙夷的揚起一側的眉毛。我很清楚，他也見識過這種情況，這是人生不可避免的。但他可以裝瀟灑擺出一臉燦笑，我卻辦不到。

也許他是對的，也許隨波逐流對自己、對他人都比較好。

我女兒大惑不解：「剛才你不是還說，這樣沒問題嗎？」

我說：「是，可是我也希望能多多跟你相處。過去幾個星期我經常不在家，而下星期我又得再出門，而且我很期待這個星期天跟你們一起度過，所以我不得不說，剛才我搞錯了，你不能在這裡過夜了。」

淚水、不解、匆匆出門，責備的眼神。

只有她的朋友還保持冷靜，她輕鬆的說：「下次一定可以的。」

孩子們總是把成人的怪異行爲歸類爲「一群瘋子」，因此反倒挺能接受成人的怪異行爲。

我在車內向女兒道歉，她只是坐著不發一語，斗大的淚珠從臉頰上滾落。接著她擤了擤鼻涕，說：「我知道，我了解，可是我還是很難過。」

眞是情緒量子物理學。

我沒什麼好說的，我們默默開車回家。今晚毀了，這一點我幹得挺漂亮的啊。

我懷著愧咎上床，又懷著愧咎起身。當時在麵包店開始營業前，我們家的孩子們還沒上床，於是我開車前往加油站買麵包，順便帶給每個孩子一本雜誌，我平常可沒這麼做。雜誌上貼有「附贈品」的標籤，送的無非是廉價的塑膠梳子、霧霧的鏡子或是品質

不佳的魔術方塊。血拼轉化了我的愧咎感。

當我回到家中時，我女兒說了一句很棒的話。她興奮的抱著那份雜誌，說：「謝謝，不過如果你有時間陪我們，我也會一樣開心的。」

我還在生自己的氣，她卻早就氣消了。她以她孩童的智慧洞見了我內心中眞正嚮往的，並沒有受到我自己深陷其中的情緒糾葛所影響。

我已經忘了那一天我們做了些什麼了，但我還記得，當天天氣還不錯，我們可以外出一陣子。另外我也還記得，有幾次我心想：「現在我們玩夠了，現在我可以再去工作、打掃、洗衣服、做點事了。」但我如果只想陪她半天，我本來也可以等到星期天中午再去接她的。因此我決定這一整天我要不停深呼吸，繼續純粹當個好爸爸。

這是我自找的，我吞下這顆苦果，味道還不賴！

我學到的教訓如下：做爸爸的腦筋偶爾也可以接錯線。而我的自我新認知告訴我：我們可以犯錯，我們可以承認錯誤，但也必須承擔後果。就這件事而言，意思就是：如果我想與孩子共處，我就必須自己騰出時間，而不是只要求他們爲我挪出時間。聽起來了無新意，做起來卻很難。

對我而言這也意味著，從這一天起我退出當世上最棒的爸爸或媽媽的競賽。我的孩子別無選擇，我反正是他們所唯一擁有的最棒的爸爸，而我唯一的任務就是，在生活中成就這個事實。我並非從不犯錯，但是我盡可能做到最好。

對我而言，更重要的是我認清了：我老愛欺騙自己是個家庭至上的人，但我其實不是，而這一點孩子們發現了，並且覺得沒什麼大不了的。如果我做自己，而不是想成爲我自以爲的樣子，這樣對我們大家都比較好。

下一回我的決定將會不同，我會讓她留在閨蜜家，因爲現在我了解，想讓自己擁有與家人關係親密的感覺，我並不需要整個星期天，半天就已足夠了。

我也不再那麼悔恨自己所犯的錯了。我犯的第一個錯在於，沒有發現什麼是自己眞正想要的；第二個錯在於，我期盼的，其實並不是我想要的：而我的第三個錯誤則是，我爲了前兩個錯誤而感到悔恨。

幸運的是，我的孩子們撫慰了我的心靈，讓我不再多做無謂的煩惱。

24.
說粗話

許多人都患有幼稚園恐懼症。

我們家的孩子都經歷過，清晨我們在幼稚園向他們告別時，嚎啕大哭的歲月。那種景象太誇張了，簡直奧斯卡等級！而他們的演出也非常豐富精采：下唇微微顫抖外加淚眼汪汪，但淚水只是聚集在下眼瞼，並沒有滾落；這是最含蓄的演出。

最驚天動地的則是嚎啕大哭，哭得眼睛、鼻子、嘴巴，整張臉都哭成了淚人兒，而臉部以外的部位要不是在地板上打滾，就是緊緊抱住我的腿。好不容易我終於逃到門口，拉開那扇只有成人才打得開的美麗玻璃門，慌忙走出門外，並且再次回顧。這時我們家的孩子總是站在門內，雙手用力敲打玻璃門，淒厲哭喊：「不要！不要！」簡直就跟「畢業生」裡的達斯汀．霍夫曼一樣。

我之所以能這麼雲淡風輕的描述這件事，是因爲有一次在經歷這種生離死別後，我受不了良心的折磨，又跨下腳踏車返回幼稚園。才過兩分鐘，結果見到的是，方才還因爲別離而傷心欲絕的孩子，現在卻開心笑著和其他小朋友玩著鬼抓人。俗話說：「眼不見為淨」，我終於見到清楚的例證了。

有一次我問他：「你為什麼那麼討厭去幼稚園？」答案是：「他們要我學會各種顏色的名字，用背的！」我原本想向他解釋學校是怎麼回事、小朋友在學校裡得做些什麼，最後怕會嚇到他，還是放棄了。

做爸媽的當然也很怕幼稚園，但怕的不只是別離的場景，這種事終究會慢慢適應，也會過去的。更令我們畏懼的，是孩子們從幼稚園帶回家的東西。我們家老大上幼稚園以前，我們就聽過一些最駭人聽聞的恐怖故事了，例如攻佔全家人頭部，還把卵沾黏在頭髮上的頭蝨；侵襲全家人屁股，並且在臀溝產卵的小蟲子；還有，粗話。

沒錯，粗話。

我們在家中還滿常說粗話的。撞到膝蓋了？「馬的！」剛剛才用銷釘固定在牆上的架子掉下來了？「啊啊，去死啦！」幫孩子換尿片時尿水噴到我臉上？「喔，屎咧！」

「不是屎啦，是尿尿！」在一旁淡定看著的哥哥如此回答。唉，這個哥哥！總是不忘說些老聰明的話。

「我也知道這是尿！」我回嗆。有時用語言紓壓，效果就是棒。

這甚至有科學依據。英國基爾大學的科學家發現，罵粗話有助於紓緩疼痛。該研究的受試者必須將一隻手伸進冰水裡，直到受不了爲止。此時他們可以愛怎麼咒罵就怎麼咒罵。之後相同的實驗再進行一遍，但這次不能使用辱罵字眼。研究人員原本認爲，咒罵會令人感到更痛，很快就會受不了冰凍。結果相反，可以咒罵時，手停留在冰水裡的時間明顯長於不准咒罵時。咒罵的字眼能加速心跳，使身體產生強烈的應激反應，彷彿準備要奮戰或脫逃。這種戰或逃的反應會刺激各種荷爾蒙分泌，減輕我們對疼痛的感受。

分娩的疼痛似乎也能靠咒罵變得比較好受。我們家老大出生時，老婆大人幾乎快把我的雙手都捏碎了。而在陣痛再度來襲時，除了讓她捏我的手，其他的我也幫不上忙。與此同時我也得聽她爆粗口，並且努力別把這些咒罵當成是針對我。老實說，起初這並不容易，因爲一部分也是因爲我的緣故，才使她陷入這種境地的。在她剛開始咒罵時，我還有點尷尬的瞅了瞅助產士，用我臉上的表情解釋：「她平常很溫柔的，不知道這些字眼她是從哪裡學來的。」後來在陣痛暫歇時，助產士把我拉到一旁，說，爆粗口是很正常的，我不需多慮，我可以放輕鬆。當時我回答：「哦，現在我才知道；這是我第一次生孩子。」後來聽到老婆再次大聲嘶喊：「幹，去屎啦！」時，我甚至還能說笑呢。

「不對不對，寶貝，不是屎，是咱們孩子的頭！」我笑著對她說，而當下她賞我的目光，我也將一輩子銘記在心。想想，我們家孩子最早聽到的字眼是什麼，實在挺有趣的。難怪有一天他們從幼稚園回家時，也把「ㄕ」開頭的東西帶回來了。不是不是，我說的不是「ㄕˇ」，而是「師」，是老師邀請家長前往一談。

「我們在學校裡不可以說『馬的』。」說著，兒子把一張請我前往談話的通知交給我。

這一次他們老師告訴我，兒子多常又多愛咒罵，並且問我，在我們家是否也可以說粗話。

「是啊，可以。」

老師說：「我們在幼稚園裡盡量避免糞啦、屎啦的粗話，這也是為了較年幼的小朋友著想。」

「可是我兒子也是年幼的小朋友啊。」

「沒錯，正因為這樣。」接著她囑咐我在家時也別忘了，孩子是會模仿爸媽的。

我正想告訴她那項研究，但話到嘴邊就被她打斷了：「您想跟我說，咒罵能減緩痛感的研究嗎？」

「欸，對，您怎麼知道？」

她笑了笑說：「我大概不需要特別說明，同一位科學家也發現，經常咒罵會變成習慣，結果又抵消了減緩痛感的效果吧。」

我心中吶喊：「馬的！」因爲我知道她說的對，而此刻我除了向她保證，我們會努力改善咒罵的情況之外，也沒別的好說的。

從此以後，我們在家中便不時坐在一起咒罵，時間往往是晚間送孩子上床後。起先我們有點不習慣毫無來由的說「馬的」或其他粗話，但慢慢的我們愈來愈喜歡，最後甚至演變成有模有樣的「咒罵對話」，就像漢斯．哈爾比（Hans Halbey）的詩「咒嗚曲」（Schimpfonade）。我們依照字母順序咒罵，從「A」到「Z」比如從「Ameisenkotze」（螞蟻嘔吐物）到「Zackenarsch」（利刺屁股），甚至玩起咒罵語接龍，從「該死」、「死鬼」到「鬼頭鬼腦」等等。我們發明新咒罵，我們採用十一字小詩的形式咒罵。這是一種形式特殊的詩，第一行只有一個字，第二行有兩個字，第三行三個字，第四行四個字，第五行又只有一個字。

你／黑心／大賣場／惡貫滿盈／靠

我們用磁性膜把各種咒罵語列印出來，做成我們的獨家冰箱詩咒罵語詞磁鐵。簡單說來，就是不需直接誘因，我們就經常運用各種想得到的咒罵語和粗話，而且幾乎什麼都試過了。這麼做不僅讓人大獲解放，也大大降低我們在日常生活中的咒罵頻率，也許我們認爲一天的咒罵配額已經罵盡其用了吧。而與此同時，我們又鍛鍊出強大的咒罵能力與咒罵威力。當我們察覺我們想減緩痛感時，我們竟然能以充滿詩意的方式完美呈現，就連幼稚園的女老師們都會大大驚艷呢。

幼稚園恐懼症已經不藥而癒了。

25.
西藏

爲何偏偏是西藏！有那麼一瞬間我差點就要宣布這個家庭研究主題不算數，要大家另外挑選一個了。

但這會是怎樣的一課？遇到你不喜歡的就不斷怨天尤人，直到結果改變？這種能力不需我教，孩子們早就會了。

再說，我一點也不討厭西藏。

只是這太複雜了，何況我也不知道我們家附近是否有類似西藏的餐廳；就算有，也絕對不便宜，畢竟這是小眾料理。

至於政治嘛……

爲什麼不是尼泊爾呢？要介紹尼泊爾就容易多了，而兩者飲食習慣大概也差不多吧。

嗯，我還知道什麼？西藏崎嶇多山，達賴喇嘛是西藏人。我的知識實在貧乏得可憐。

但話說回來，這正是這項家庭研究活動的意義呀。

規則很簡單，一個人用手指頭往世界地圖或地球儀上一點，我們就搜尋被點到的國家相關的資料，並且烹煮當地的特色料理（或是上館子吃）。

我當然以爲第一個被點到的會是某個大國：美國、俄國、中國：漢堡、甜菜羅宋湯、炒麵；歐巴馬、普丁、艾未未。就算不是，至少也會是馬略卡島，吃烤香腸和炸豬排！

對第一次而言，這種要求太過分了嗎？

結果選到了西藏。正式說來，西藏屬於中國，但在我們的地圖上，中國和西藏卻是分別標示的。

而西藏又會引起我一種荒謬的聯想，我忍不住問：「靈貓產於西藏嗎？」（譯註：靈貓德文爲「Zibetkatze」，「Zibet」與西藏「Tibet」僅差一個字母。）

我心想，不會吧？靈貓又不叫西藏貓。如此一來，我們在百科詞典最先找的資料與西藏無關，我找到的是，地球上有許多不同種類的靈貓，比如亞洲靈貓、非洲靈貓、印度靈貓……從前人們用牠們屁股上腺體的分泌物來製造香水。那麼，如果把一隻靈貓和一隻臭鼬關在同一個籠子裡，結果會怎樣？氣味會產生中和效應嗎？

另外，我還想到，靈貓會吃咖啡樹上的咖啡豆，再經由消化過程將這些咖啡豆「精製」，而咖啡達人則收集靈貓糞便，以取得這種珍貴的香氣。

但百科詞典也提醒我，天價的夏威夷麝香貓咖啡並非靈貓的產物（我本來也這麼想），當地將吞吃的咖啡豆排泄出來的是椰子貓。

我喝過麝香貓咖啡，喝起來就是咖啡的味道。

雖然我尚未搜尋西藏的資訊，家人已經對這個遊戲興致勃勃了。我們看著靈貓與椰子貓的相片，牠們外表近似寵物鼠和蝙蝠，不過也可能會有人覺得牠們漂亮吧。

在名片印上「麝香貓農場主」，絕對要比「椰子貓糞便收集者」好聽。

有時我會想，如果夏威夷氣候涼爽又會下雨，那麼在那裡不管做任何工作應該都很棒吧；不過實情也許不是這樣。

再回到西藏吧。西藏接受中國統治，但地

位可能比較近似《阿斯泰利克斯歷險記》(*Asterix und Obelix*)漫畫中的高盧人小村。西藏人民遭受中國士兵的惡劣對待，卻因性情溫和又過度貧困而無力反抗。

既然世人都推崇達賴喇嘛，對這種情況爲什麼又坐視不管？

且看看我們會找到什麼解釋吧。不過原因恐怕在於，西藏沒有石油，也沒有礦產資源。

我開始參考德國眾議院的「小質詢」，這些內容還是皮特拉．凱莉(Petra Kelly)(譯註：凱莉爲德國綠黨創始者之一，於 1992 年十月逝世)生前提出的。我也查了約舒卡．費雪(Joschka Fischer)擔任外交部長時的聲明，但這種正經八百，又言之無物的言論，孩子們根本不感興趣。

較爲具體又比較容易解釋的是文化。藏傳佛教源於西藏，坐火車時，有時我們會見到某座花園裡經幡飄揚——孩子們也記得這件事。在西藏(以及西藏的鄰國尼泊爾等地)，經幡的效果等同於實際誦念經文，效率實在驚人。

至於西藏的食物，坦白說，聽起來比我設想的還糟。他們喝加了鹽的酥油茶，這種茶能提供豐富的熱量，就像運動後來一瓶電解質飲料，可是，欸，鹹味奶油茶？

一日三餐的主食則是糌粑，這是把青稞炒熟，加上……沒錯，加上鹹酥油茶做成的。

我們家附近的超市恐怕買不到這次活動中不可或缺的鹹犛牛奶油。

我們改變媒體，開始查看西藏的圖片。崇山峻嶺、蔚藍的天空、盤踞山頭的寺廟，色彩繽紛的經幡、綿長無止盡的街道，更多的高山、藍天、一身濃密長毛的犛牛。犛牛體型龐大怪異，卻非常保暖！

根據使用的地圖而異，西藏大小約是中國的三分之一到一半不等，面積相當大（所以被我們選中的機率並不是那麼小）。

說到中國與西藏的關係，西藏其實不是國家，而是中國的一部分，那麼我們去附近的「北京烤鴨」店，如何？

孩子們一致抗議，根據他們的了解，西藏並不想成為中國的一部分，現在他們的好奇心被挑起了。說的也是，無論是為了西藏還是我們的這項研究，我們都不該隨專斷的政治權力遊戲起舞。

圖片上也看得到身披紅袈裟的喇嘛、充滿戲劇性的魔鬼服裝，髒兮兮，卻帶著開心笑容的孩童。

我還記得野獸男孩（Beastie Boys，世上最早且最成功的嘻哈樂團之一）曾經為西藏的自由而舉辦世界巡演；而李察吉爾不僅是佛教徒，也是達賴喇嘛的友人。二十世紀九○年代，西藏是個熱門話題，當時的和平抗爭類似於我們的週一示威活動。如今呢？早一輩的明星如奧利佛．史東、布萊德．彼特和碧玉等人都是大家熟悉的西藏支持者；而前黑森邦邦長羅蘭德．柯賀（Roland Koch），這位基督教民主聯盟中的強硬派人物居然也是。

但目前西藏並不是熱門話題。

現在我們花幾小時的時間來了解這個被人遺忘的共和國，或許也別具意義。

西藏料理的食譜並不像高麗菜捲或「世上最美味的克尼斯貝格肉丸」那麼常見。一般人往往以爲藏人都茹素（因爲信佛教），其實不然。就連相當大的烹飪社群都只列出三、四種西藏料理食譜，其中一道是酥油茶的作法，另一道則是「藏牛肉炒粉絲」。藏牛跟其他牛種差別何在？

除了酥油茶，還有一種同樣普遍的西藏料理，叫作饃饃。饃饃類似中國點心，裡頭包著各式各樣的餡料，可蒸可煎。

我們決定上館子品嚐西藏料理，我原本頗爲擔心，但去過之後，遠比我想像得要獨特、有趣得多，還能增廣見聞。

最棒的是，餐館中間的玻璃櫃內展示著一幅曼陀羅沙畫！我們目不轉睛的觀賞這幅以彩色砂粒創作，精巧絕倫的圖案。這種藝術作品是無法搬動的，因此據說曼陀羅大師在原地製作了一個月才完成。

相形之下，一萬片的拼圖遊戲實在是小巫見大巫。

這些流亡藏人腦筋動得很快，這裡供應的是混合式料理。前餐有各種餡料的饃饃，佐「喜瑪拉雅調味料」，還有春捲、溫熱的波菜、辣蘿蔔、數種醬料。主菜同樣是多種不同口味的饃饃（就像大麥粥也是隨時都可以吃的），還有素食、禽肉、牛肉、魚等等可供選擇，調味料和配菜也類似那些在中國友人帶路下才找得到的私房館子：顏色深暗、口味濃郁。

孩子們怯怯的吃著辣味開胃麵包，他們點了兒童餐，結果大失所望。麵和雞肉串淡而無味，「成人」餐則嗆辣重鹹，口味就像阿爾卑斯料理，但又截然不同。在其間我們讀了菜單和加膜餐墊上的簡短介紹，小心的轉動入口處的鍍金轉經筒。在這些轉經筒的護持下，打從步入這裡開始，我們便能獲得鬼神庇佑。

轉經筒與曼陀羅上的藏文，筆勢遒勁矯健多稜角，尖利如山壁。

我們也嚐了犛牛奶茶，味道和我想的一樣，挺噁心的。

我們的西藏研究之旅到此畫下句點，我們該爲此感到愧咎嗎？但遊戲規則本來就是：知識、料理，下一個國家！

實際上故事尚未結束。後來西藏發生了災情嚴重的大地震，而由於我們對這個地區已經有了粗略的了解，我們遠比從前更渴望伸出援手。這一次我們花了相當大的功夫，資助一個與西藏有直接交流且值得信賴的德國援助團體。假使沒有這次的研究，我們是不會這麼費心的。

26.
自行車之旅

我們要前往慕尼黑。清晨八點，天空下著毛毛雨，而我們要前往慕尼黑。

每本教養書都會建議：特別是有兄弟姊妹的小朋友，更喜歡偶爾只跟爸媽其中一方去度假；還有，我們應該帶領孩子體驗他們自己不曾想過，卻能豐富他們人生的歷練。換句話說，就是做點不一樣的，擺脫常態。

也許我們規畫的事太多了。

先按照順序一個一個來。把爸爸或媽媽分派給某個孩子獨享，安排起來卻是雙倍的挑戰，因爲兩方必須同時請假，並且願意單獨照顧孩子（而不是一起在家照顧一群孩子。）

這倒沒問題，因爲依循著原則走，一個孩子搭配一個大人，最後爸媽兩人就扯平了。

要讓孩子樂意擁抱這種一對一時光（只要不是用來做學校功課）相當簡單，馬上有人自動宣布：「我要去慕尼黑！」爲什麼是慕尼黑？無所謂啦！我在腦子裡估算了一下距離，慕尼黑不算太遠，騎自行車也到得了。我的構想來自我的童年經歷，當時我也曾騎著自行車，帶著帳篷、郵局存款簿，和我最要好的朋友上路。那時還沒有手機，我們只是每隔幾星期寄給爸媽一片刻了楔形文的石板（譯註：指古老的通訊方式），讓他們知道我們還活著。

第一個夏天，我們走的是和爸媽事先規畫好的路線，離家頂多兩小時車程的距離，第二年則經過慕尼黑到因斯布魯克。到了第三個暑假，我們就橫跨英格蘭，接著搭乘渡輪前往法國。我們學到的教訓是：法國夏天有個節日，每逢這一天所有的店家都關門，連加油站也一樣。更慘的是，當日下著雨，而當年還沒有歐元，也沒有自動提款機，我們必須冒雨騎上一百多公里，才找到一家工作人員的英語能力足以溝通的青年旅館，答應我們隔天再付住宿費。我說過，法國人並不在乎你是哪國人，他們認為會去法國的人，應該都會說法語吧！

怪不得從此以後，每次出門旅行我總會多帶幾張鈔票，並且至少訂好下一晚的住處；畢竟世事難料呀！

我是這麼想的：帳篷、多人房，這些都是有趣的經歷，而騎自行車也有益健康，讓你總有事做，這樣怎麼會出狀況呢？

我刻意用鼓舞的語氣提議：「我們騎自行車去慕尼黑吧！」沒想到我的孩子居然立

刻點頭同意。

事情就這麼敲定了。我們當然需要一些裝備：自行車包、自行車手套、水壺之類的。看到現在雙人帳篷的價格後，我連睡袋的價格都沒查，立刻改變計畫，青年旅館的床反正更舒適；否則直接訂馬爾地夫度假園區之旅可能還比較划算。

另外我們還需要地圖，我可不希望一路上都拿著手機騎車。

我在店裡把幾種不同比例尺和色彩的地圖攤開，孩子則以彷彿我想用智慧型手機「打電話」般的神情打量著我。我詳細爲他說明這些地圖的細微差異，最後買了其中一份，並且將睡得像塊岩石的孩子扛進車內。

收拾行李時，我的童年記憶又回來了。我需要一些塑膠袋，因爲天氣變化難測，而我們的自行車包又不防水（防水與否，二者的差價能讓我們在馬爾地夫額外加個潛水課程），萬一下雨，我們必須將攜帶的物品悉數裝進塑膠袋裡。爲了避免每次都得把所有的塑膠袋打開，最好避免一個袋子裡全是內褲、一個全是T恤、一個全是襪子，而是在同一個袋子裡裝好兩天的衣物（襪子、內衣褲、上衣）。我很佩服自己的，我的孩子則假裝好奇的觀看，邊忙著玩手機。不過我們這個環保家庭塑膠袋的數量不夠，於是我轉而以黃色環保袋替代，但這種袋子太大了，而且外觀都一模一樣。

終於可以上路了，天空卻下起了毛毛雨。

我們瞅了瞅外頭，我們彼此對望，查詢氣象報導。

反正我還沒有訂青年旅館，乾脆等明天再上路。

其他人都取笑我們，但我認爲可以的話，旅行應該有個順利的開頭，應該在天候良好時上路。再說，隨機應變，在情勢出現變化時充滿自信的解決問題也是好事一樁。

第二天我們再度帶著滿滿的水壺和足夠的麵包上路，這一次沒下雨，我們眞的出發了。

結果我們騎錯了路，而且錯得離譜。

而且我們發現，騎自行車時並不是所有的路都能走。不只不能上高速公路，也不能騎上某些特別狹窄的橋樑或是城鄉公路。如果這不是新規定，那麼當年我們就是違反了規定（我猜是後者）。

首先我們的方向錯得一塌糊塗，不得不掉轉回頭。這都是因爲我太過自信，自以爲我們就住在這一帶，這裡我很熟，沒有先查看我那張漂亮的新地圖。接著出現了禁止自行車進入的標誌（這種時候像我這種有擔當的爸爸該說什麼好？「把你的安全帽扔到灌木叢裡，繼續騎吧？」）結果我們及時趕在午餐時間重返家園。我們在眾人的訕笑中默默喝著湯，之後重新上路，這一次我們已經訂好床位了。（這是事先安排的第二大優點，爲了不要白白浪費一晚的錢，我們必須奮勇抵達目的地。）

這一次果然相當順利：我們很少交談，努力向前挺進。天氣不太熱也不太冷，相當理想，幾小時後我們果眞抵達了目的地，吃著令人不敢恭維的蒜腸當晚餐，倒頭就睡。我們住的青年旅館相當大，我們睡的是四人房，半夜裡我醒來，翻了個身，慶幸我們可以不必搭帳篷。

第二天我們又吃著令人起疑的蒜腸迎接新的一天，這蒜腸令我想起當年我吃過的味道，但當年的印象卻相當可口。我們發現在吃早餐時最需要用到的肌肉部位（不，不是舌頭），也特別痠痛。

即便如此我們還是得繼續前進，否則永遠到不了慕尼黑。人擁有目標，本身就是一件很棒的事。

騎了半個鐘頭，我們身體開始暖和起來，疼痛也減緩了，這種經驗眞美好。沒想到挑較小的道路騎居然更好，那裡的自行車道非常寬敞，而且幾乎專供我們兩人使用。陽光時不時窺看著我們，撒落在我們身上。從近處慢慢欣賞，德國確實風光明媚。

一路上我們時而悠閒聊著，時而默默無語，最後聊到了比較核心的話題：朋友、情傷、長大後想做什麼等等（我的孩子自己絕對也會思考這個問題）。能加深彼此的了解實在很好，但我也意外發現，我最珍惜的居然是我們彼此默默無言的時光。我們互相陪伴，無需靠言語傳達一切，這種感覺眞美好，有點類似戀愛初期，無論何時，也不問原因，兩人只想在一起。

後來我們大口扒著路邊販售的午餐。與其說是進餐，倒更像是飛機在飛行途中加油。當天晚上我們搶到了六人房最後的兩個床位，同房的四名房客似乎已經在那裡住上好幾個星期了，桌子一旁的牆上甚至貼著兩張海報。他們熱情邀請我們玩牌、看手機上的影片，可惜我們只想睡，壞了他們的興致。後來他們改去聯誼廳，我們則關燈睡覺。到了半夜他們回房準備睡覺時，聲音之大簡直就像國家公園的管理員把象群放開，以免牠們遭偷獵者殺害那樣。

我們沒睡飽，也吃膩了蒜腸，接著繼續踩著自行車前進。天色灰暗，談話止歇，情緒降到了冰點。這一晚的青年旅館空無一人，我們獨享四個房間和整條走道，而我們的腳步聲也如恐怖電影般響徹了整棟屋子。當天夜裡我們前往小鎭的行人徒步區閒晃殺時間，這時才了解其中緣由：人們要不是已經好幾代都居住在這裡，就是遠遠的繞離這裡，以避開這裡的沉悶及超級無聊：在海鮮餐廳「北海」、道格拉斯香水化妝品店和某家連鎖書店之間，夾雜著六七家門可羅雀的無名手機店和「一歐元」店；堪稱是晦暗的德國後巷。

這一覺我們睡得很好，後來我們是被潺潺水聲吵醒的。我詫異的四處張望，還好地板上沒有積水，隨後我才醒悟，是下大雨了！

天氣預報會下雨！數日、數週、數月！好吧，天氣預報不會報得那麼遠。但就在我心想：「就跟當年在法國時一樣！」時，我頓時覺得自己像個老年人。

「爸爸，我們還要繼續騎自行車嗎？」這個問題很合理，我也考慮過這個問題。

我們騎著自行車冒雨前往火車站，查看有哪些方案。抵達那裡時我們已經淋成了落湯雞，答案也就不言可喻了。

午餐時間我們又返回家中，家人都大感意外。

我們把自行車留在當地，搭乘夜間火車直奔慕尼黑，在那裡的青年旅館住到了雙人房。這個方案可行。

而天氣也滿配合的，至少我們又可以外出，而明天甚至會陽光普照又高溫呢。

這時出現了一件大驚奇事件。孩子說：「爸爸，我們要不要租自行車逛逛慕尼黑？」

27.
溫床

依據我的經驗，最好的日子是有點計畫的日子，不過只有一點點，別太多。這個原則當然也適用於遠足、度假、休閒時光等，同時也適用於做事，例如做家事、園藝工作、大採購。這時要是毫無計畫，最後就會毫無成效；反之，工作清單如果太長，就會把自己忙得焦頭爛額，最後同樣徒勞無功。

如果一切都恰到好處，就會形成某種無拘無束的「Flow」：不會缺乏挑戰，也不會挑戰過高，而是聚焦在最舒適愜意的。比如換季時，我們家理想的服裝採購單上會列出新鞋以及每個孩子一件外套，需要時再加上一件新上衣。有了這種開放式採購單，基本上便是成功的保證。我們可以刪除許多項目，但打從一開始我們就知道，並非所有的項目都能刪……而半路上我們還有決定的空間，多去一家店、少去一家店，兩者都可能是一種建設性的貢獻。比如在一趟購物旅程最後，如果還有兩處誘人的店家，那麼人人都能享用一份冰沙或冰淇淋；而要是我們手上的提袋已經夠多，不想再採買了，那麼我們就不再消費，改爲下午外出踏青。

所謂彈性應變，指的是就算走另一條路，到達另一個目的地，我們依然感到心滿意足。

而某一天，純粹出於偶然，在無人料想到的情況下，我們發現某種名聲不佳的任務，在我們家理想的條件下，居然也能爲我們帶來美好的一天，那就是——打掃！

我們不是特別井然有序的家庭，老實說，我根本沒見過什麼特別井然有序的家庭；如果有，也未免太恐怖了。但我們家也不是特別亂，我們家大概就跟各位家中差不多，只不過我們家的沙發是灰褐色的。不過在我們家某些最令人意想不到的地方，總會出現某人基於某種當下非常合理的理由，隨手扔在那裡（後來就遺忘了）的物品，像是書啦、遊戲啦、雜誌啦、衣服啦之類的東西，就跟各位家中一樣！

有一陣子我試過以身作則，比如當我們想在某個角落吃飯，或是想在沙發上坐下時，卻有物體擋路，或者因爲那種景象觀感不佳，讓我看不順眼，我就把那件物體移開。結果令人沮喪，因爲我當然不會把那件物品改放到別人找得到的地方，結果就是沒完沒了的復活節效應：每個人都不時在找東西！

我們錯在於把孩子看得太小，總想寵他們；而有時也可能是太累了，不希望發生衝突，因此總是把維持環境整齊的責任往自己身上攬。如果我有資格給年輕的父母一個建議，那就是：一開始就讓孩子盡可能多做家事！

我們女兒有個女同學家中沒有洗碗機，每次飯後她都得清洗餐具，這件事已經成了有趣的必做事項。反之，在我們家，連要孩子把他們自己的餐盤放進洗碗機，他們都覺得太過分了。

不停收拾、不停找東西實在煩人。有一天我們想到了一個點子，一個具有教育功能的構想：打掃日！人人都有任務，大家一起來！這樣不但幫我們解決問題，還能促進團結友愛的精神！但光是我和老婆大人在討論時，我們對這個構想就不太樂觀。世上哪個孩子愛聽「去整理你的房間！」這種話？還有，就算我們也一起動手，會有什麼差別呢？

不過沒關係，試過了才知道，所以我們宣布某個據說會下雨的週日爲打掃日。似乎沒有人把這個消息當眞，沒有人抱怨，也沒有人說自己跟人約好在外面見面了。不過我並沒有把這種反應解讀爲服從與同意，而是無言的反抗。沒想到，結果大大出人意表。

星期天到了，我們睡到自然醒，接著吃早餐並分派任務：所有的髒衣服都扔進洗衣籃裡，所有乾淨的衣服都摺好收進衣櫥裡；學校的本子都放到書架上或是書包裡，糖果紙則倒進垃圾桶。我們的階段性目標在於，把每一間有人使用的房間地板清空，方便吸塵。

光是這個任務的第一部分就不太順利。某個孩子開始自動自發寫起學校作業，這本是一樁好事，但時機卻不對。這時我們才知道，他下星期有考試，而另一科他也有問題不了解。還好現在知道了，但工作還是得繼續！

有些衣服必須先試穿，再決定是要送出去還是留下來，其中幾件甚至不是我們家的。衣櫥的收納方式必須改變了，這時有人改換話題：「還有，什麼時候才要把我的鏡子掛起來？我生日的時候你就答應了。」

慘了，看來今天事情不可能辦好了。

我和老婆大人試著先完成我們的任務，結果也跟孩子一樣陷入膠著。不時有人拿起一件東西自問，這個我們需要嗎？如果需要，該放哪裡？一個小時過後，在我眼裡，我們家簡直成了一幅一千片的3D立體拼圖，我寧可去煮義大利番茄肉醬麵。

後來我心血來潮，期望在吸塵以前先把廢紙箱清空，並且更換寢具，結果十分鐘後看起來更亂，而且每個房間都有音樂傳出來，每個人聽的音樂都不同，而且一個比一個更大聲！

反正都開始了，我乾脆也把幾幅畫釘到牆上，接著輪到前面提到的鏡子，再更換幾顆壞掉的燈泡、閱讀紗窗的安裝說明。結果是：趕緊再把這個惱人的紙箱塞回床底下！

我不時進去某個孩子的房間查看，裡頭似乎沒什麼進展，成堆的物品彷彿沙丘般從右邊移到左邊，但並沒有眞正消失，但孩子做得認眞又專注，因此我決定先讓他做做看。要罵，晚點再罵也不遲。

事實證明我的決定相當明智，因爲最後我根本無需責罵孩子，反而瞠目結舌。

「玻璃清潔劑在哪裡？」

什麼？

「玻璃清潔劑，我要擦我的窗戶。」

「你要、你的窗戶……」

點頭。

「需要我幫忙嗎？」

「不用，你自己不是也有事要做嗎？」

聽著聽著我愈來愈驚訝，不禁在內心裡對自己說：「你是誰，你到底對我的孩子做了什麼？」

平日，他房間的窗臺板上總是堆積著亂七八糟的物品，全都是小朋友的小玩意兒、各式公仔、重要的記事、彈力球、塑膠小動物、奇石外加一把糖果。但這次我過去時，窗臺板已經清空而且剛剛擦拭過了。

我訝異的默默坐在角落裡，注視著這個擦著窗戶的孩子。沒想到他擦起窗戶來，比我更緩慢、更乾淨、更熱情、更細心。

過了一會兒，其他孩子也過來我身邊坐下，萬分佩服。

這個亂得最徹底的孩子，收拾起來也最徹底，打掃起來也最乾淨。

這大大鼓舞了我們，大家把寢具放進洗衣機、換上新的被套床單、幫地板吸塵、訂披薩，中間偶爾有人呼喊：「嘿，你們聽這首歌！」或是：「我去年的數學簿原來在這裡！」

我們深感自豪，也為彼此感到驕傲。大家齊心協力，空氣中洋溢著他們兄弟姊妹平時不常見的互助熱忱，他們讓對方歡笑而不是怒吼，對我們也如此。

「下星期我們可以打掃浴室」，一個孩子說出這個建議。可惜魔法幻滅，被眾人挖苦了一番。

無論如何，這一天都是是美好的一日。後來有幾次我們想再重現這種效應，可惜未知的事物，尤其是我們家房間最亂的家庭成員未曾顯露的打掃天分，所帶給我們的驚嘆，再也未曾重現。有幾次我們甚至挑錯了日子，比如電視上剛好播放特別精采的節目時，或者剛好遇上某個很棒的聚會日；但後來也有幾次，我們居然達標了！

從此，我們便特別珍惜自家平日裡的雜亂，因為這種雜亂是滋養我們家庭生活的溫床。

28.
吵架

砰！轟！甩門聲。

剛才我們家某個孩子有點表達障礙，他不滿爸媽正確的命令，而且無法用言語表達他的憤怒。

就跟其他孩子一樣，就跟我們自己有時候的反應一樣。

天底下的父母莫不盼望家中永遠陽光照耀、意見一致外加心情愉快，可惜這是妄想。

有時我們就是得執行我們的要求。

有時雖然我們提出要求，他們卻不肯做。

而有時則錯在我們，有時用其他方式去做也一樣好。

總是堅持己見的人，就跟無法說出自己想法的人一樣，在人生中阻礙重重。堅持己見也許能使你登上權值股企業的領導職位，但除了這一點，它的用處並不大；何況當企業領導人也不是那麼容易的事。

必須有建設性的衝突，人與人之間才能和諧相處，這一點需要我們學習並予以實踐，可惜很難做到。

但這並不表示，我們該經常製造機會讓孩子受挫。壓力會帶來反抗，用恐懼管教小孩，就跟只用愛一樣，效果同樣不彰——只要看看天下的部門主管，我們便能了解箇中道理。我們需要的是中道，既要明確要求，也要提供對話的機會；或者要讓對話能導向明確的要求。

「你不想整理你的房間嗎？」在某些家庭這句話可能表示：「整理！你的！房間！」如果有人向我們的孩子提出類似的問題，比如上面這個問題，得到的答案很可能是：「謝了，不想。」

如果能扮演教養聖人，凡事都能使用正確的語氣，找到鼓勵與要求的平衡點，不知該有多好。可惜在現實生活中往往事與願違，這個孩子要這樣，那個孩子要那樣，麵條煮沸溢出來了，電話鈴響了，此時此刻要是有誰膽敢說什麼……砰！乓！消防隊快來滅火呀！

接下來則是：閃人，甩門！

有時則另有其他導火線。「明天早上我可以陪朋友去看牙科嗎？她要裝牙套？」

「不行，明天你要上學。」

「可是她請我陪她去！」

「可是明天你要上學！」
「可是裝牙套百年難得一次！」
「不行，明天早上要上學！」
閃人，甩門！
有一次我們要幫孩子轉學，但他不願意，結果同樣又哭又鬧：「我恨你們！你們不可以這樣！我要離家出走，去找比你們更好的爸爸媽媽！」
閃人，甩門！
那一次我幾乎要感激他甩門了，因爲他甩的是房門，不是我們家大門。
但長久來看，如果沒有良好的對策，光是閃人、甩門是無法解決問題的。試想：
「我認爲，我在這個專案的表現值得加薪。」
「不行。」
閃人，甩門。
或者：「我們生個孩子吧？」
閃人，甩門。
這樣可不行。但爲了讓孩子們開心留在桌邊而老是屈從，當然也不行。

其實，閃人、甩門是符合孩子天性且相當自然的對策，是他們盛怒下的避雷針。有時我也很想這麼做。啊，豈止「有時」！

但我也開始思考，何時我們該如何阻止這種狂魔，我們該容許、忍耐這種行爲多久，並且試著以身作則……還有，什麼時候我們該提出前面提到過的明確要求？而如果要提出，又該是怎樣的要求？你不該就這麼閃人？你不該甩門？你得忍受各種情況，就算你忍無可忍也得忍？

我思考得愈久，便愈覺得閃人的作法還滿明智的——儘管這種方法同時也不理性又缺乏建設性。

各位可千萬別以爲我們家老是在吵架；不過，我們也不是從來不吵架。

有一次我恰好站在一扇有人非甩不可的門旁邊（那一次起因不是我），當那嗡嗡聲在我耳膜內止歇時，我輕輕敲了敲門，若無其事又客氣的說：「你要是再甩一次，我就把你的門拆了。」

孩子：「你沒辦法。」

我：「有。這裡，可以拆下來搬走。」

孩子：「哦，好吧。」

這件事顯然在孩子之間傳開了，從此再也沒有人甩門了。不過隨著孩子們年歲漸長，比較能忍住氣，應該也是一個原因。

至於閃人嘛，吵架時閃人是下策，留在現場同樣也是下策。

而下面這件事，也令我思索良久。

有一次我不准孩子做某件事，結果那個孩子氣呼呼的跑掉，但輕輕的把房門關上。一分鐘後他又出來，用一種令人嘆服的冷靜語氣說：「我房間裡有一隻蜘蛛，你可以把牠弄掉嗎？」

蜘蛛消失後我輕輕把門拉上，並且學到了一課：孩子們早就了解，我們會生對方的氣，但同時又愛著對方。

其他小細節都不重要，事情會自己解決。在我們家是如此，將來在職場、在私人關係上也如此。

是我多慮了。

因為這些問題都是最棒的問題。

29.

蟲蛹

沙拉！從幾個月前開始，我們家孩子便愛上了沙拉，但從前可不是這樣的。有一段時間，只要看到餐盤上出現綠色的東西，他們就會發出嘔吐聲。吃沙拉確實需要適應，但幸好不像對蔬菜過敏那麼淒慘。沒錯，真有蔬菜過敏這種事，不過我不太清楚，我們的免疫系統要如何判斷什麼是蔬菜，什麼是水果。番茄是水果或蔬菜？酪梨呢？瓜類呢？如果知道水果指的是多年生植物的果實或種子，也就是在採收後依然會持續生長的植物；而反之，蔬菜則最晚在兩年後便會死亡，這樣或許有助於我們判斷。由此看來，酪梨、蘋果和番茄屬於水果；紅蘿蔔、南瓜和其他瓜類屬於蔬菜。然而，對蔬菜過敏的人，這種知識可能也幫不上忙，反而會讓進食變成無謂的複雜。可以確定的是，沙拉菜屬於蔬菜，而有時沙拉菜也會帶來驚喜。

從很久以前，我們就會讓孩子擔任廚房幫手。對外的理由是，我們想預防養出料理文盲，避免他們獨立生活後只能仰賴低溫冷凍披薩和其他「方便食品」維生，希望他們也能自己烹煮鮮食。

實際上的原因自然是，便宜的廚工太難得了，而孩子們只要把事情做好，就有得吃有得住，豈不皆大歡喜。

幾個月前我家女兒在清理沙拉葉時，突然發出一聲短促的尖叫。

「什麼事？」

「沙拉葉上面有一隻毛毛蟲！」

那裡果眞有一隻將近兩公分長的綠色毛蟲在爬動。「嗯，我們可以把牠一起做成沙拉吃。」

「爸爸，很噁心耶！」

「要不就把牠扔掉。」

「這可是有生命的耶！不能就這麼扔掉！」

是啊，一個打從出生後就知道所有誤入我們家的昆蟲和蜘蛛，都會被捉起來放出去的孩子，自然會這麼說。我已經不記得，我最後一次直接用吸塵機把蜘蛛吸掉，是什麼時候的事了。我們做父母的從容對待小動物的態度，也會早早傳承給孩子。我們並不驚慌，而是小心的用玻璃杯捕捉牠們，如果是特別有趣的蟲子，我們通常會跟孩子們一起觀察，再將牠們放出去（我說的是蟲子，不是孩子）。這種作法對蟲子的壽命頗有助益——通常，但並非永遠如此。

兒子年紀還很小的時候，有一次他看到一隻相當大的蜘蛛正在我們家走廊上爬行，便立刻去廚房拿了一個玻璃杯。「你拿這個做什麼？」我問。

「茲茲—茲租！」他還發不出「ㄓ」的音。說完，他就拿著玻璃杯回去找那隻蜘蛛了。我在他背後跟著，我當然也想知道，那是什麼樣的蜘蛛。只見兒子來到那隻毛茸茸的漂亮狼蛛旁，舉起玻璃杯，對準狼蛛——

「住手手手！」我還沒喊完，悲劇就發生了。他的小手連同玻璃杯往地板一扣，剛好就在狼蛛所在的位置上，可惜他杯子拿反了。他當然以爲自己拿對了，因爲我們教導過他，使用杯子時必須杯底在下，杯口在上；只是對狼蛛而言，杯子的方向卻錯了，牠，被壓扁了。

「茲租壞了！」兒子大感意外。他已經看過我這麼捉蜘蛛好幾次了。

「是啊，蜘蛛壞了，可以這麼說。」

「ㄇ沒刮刮關係。」

「對，沒關係，有時候就是會這樣的呀！」我如此安慰他，並且把玻璃杯拿過來，告訴他，有的時候東西必須拿錯方向才有用。從此以後，他對玻璃杯和所有能用玻璃杯捉到的東西就產生了濃厚的興趣。

比如黃蜂。如果你身邊有小朋友勤捉黃蜂、帶去遠處放生，那麼春天就是很理想的季節。兒子總是滿懷熱情的去做這種事，只是光是爲了一隻黃蜂就得出門，很快就讓他覺得過於辛苦，因此他精進了他的玻璃杯捕蟲術，最後甚至能用玻璃杯一次捉到好幾隻黃蜂。他認爲，黃蜂才不在乎自己究竟是單獨，還是和其他黃蜂一起待在杯子裡。「也許因爲牠們在蜂窩裡，也是跟許多同伴一起生活的，」他邊說邊點頭：「如果我不是用玻璃杯捉兩隻黃蜂，而是捉一隻黃蜂和一隻大蒼蠅，結果會怎樣？黃蜂會不會發現，牠不是跟一隻黃蜂，而是跟一隻蒼蠅在一起？」我心想，研究生涯就是這麼開始的，並且放手讓他進行。

他捉了一隻蒼蠅，又捉了一隻黃蜂，兩隻都在同一個玻璃杯裡。接著他把玻璃杯放到陰涼的地方，坐在那裡靜待結果，而我也坐過去。一分鐘不到，黃蜂就攫住蒼蠅，用螫針刺蒼蠅，蒼蠅便靜止不動了。接著黃蜂用口器將蒼蠅咬成兩段，整個過程非常迅速，看得我們目瞪口呆。我們舉起玻璃杯，讓黃蜂帶著半截蒼蠅飛走，而不久後，另一半的蒼蠅身體也被黃蜂帶走了。

「我想知道，一隻黃蜂跟一隻蜘蛛在一起會怎樣？」

我無法回答兒子的問題，於是他就捉了一隻黃蜂和一隻蜘蛛，靜觀其變。這次時間持續得久一點，最後蜘蛛結網將黃蜂纏住，用唾液將黃蜂化成液體後吃掉；我們這輩子第一次見到這種景象！

我們的孩子就是這麼成長的；而現在則輪到毛毛蟲了。「好吧，你不要把牠吃掉，這個我能理解。可是你也不要把牠丟掉或是拿出去放生，那你到底想要怎麼辦？」我問女兒。

「我們可以給牠幾片沙拉葉，把牠養起來嗎？」哦，我懂了：毛毛蟲多吃沙拉葉，孩子們就可以少吃沙拉葉了。不管怎樣我還是很慶幸，我們在沙拉裡發現的不是狗，於是我回答：「好，我們可以。」

我們拿出一個透明的塑膠保鮮盒，放進三片特別漂亮的沙拉葉，再把毛毛蟲放到葉子上。毛毛蟲馬上吃了起來。而在毛毛蟲的示範下，孩子們也學起牠，把自己的沙拉都吃光光。

接下來幾天，毛毛蟲逐漸把葉片啃光，身體也像經典童書《好餓的毛毛蟲》一樣，變長變胖。我女兒很快就發現，這隻毛毛蟲跟《好餓的毛毛蟲》不同，牠只吃沙拉葉，其他蛋糕、香腸或蘋果切塊等等牠一概不吃。還有一點也是艾瑞．卡爾的書沒有提到的：這麼小的毛毛蟲產生的的糞便眞多！太神奇了！到處都是暗綠到黑色的小糞塊，而這也是我們生平第一次見到毛毛蟲的大便；還有，這也是我們第一次清理毛毛蟲糞便。每天我們都把保鮮盒清乾淨，簡直就跟養兔子差不多。

如此這般過了大約三星期，毛毛蟲開始結繭。牠不再進食，反而開始吐絲。女兒非常興奮，問：「牠在做什麼？」

「我猜，牠在結繭把自己變成蛹。」毛毛蟲一動也不動的躺在一片葉子上，身體蓋滿了許多白色細絲。牠的繭不特別密，我們還能透過蟲絲觀察蟲體。現在毛毛蟲的身體顏色已經改變，不再是沙拉葉的綠，而是咖啡色。

幾天後牠開始活動，這正是我們期盼已久的時刻，毛毛蟲是否真會變成蝴蝶呢？蟲兒很慢很慢的破繭而出，整個過程比看電視還有趣，我們都坐在保鮮盒前注視著。

「我好像看到翅膀了！」女兒高喊。起初我什麼都看不見，但隨後畫面便相當清晰了：毛毛蟲不再是毛毛蟲，而是一隻咖啡色的小蛾。成功了！蛾安安靜靜的停在沙拉葉上，這時女兒問道：「這是哪一種蛾？」

「好問題，我們得查查看。」我走向電腦，搜尋綠色小毛蟲的圖片，結果相當快就查到，我們眼前這隻昆蟲很可能是赤蔭夜蛾。

就在我們將葉片連同上頭的蛾移到戶外，準備向牠道別時，女兒說：「哦，這個名字好美！」

「爸爸，今天我們可以再做沙拉嗎？我也要清理沙拉葉！」從此，我們每天晚上都吃著悉心清理的沙拉，可惜直到現在，沙拉葉上再也沒有發現過毛毛蟲。

30.
放克名流

借助某些App，我們可以用手機製作自己的音樂MV。

這些App提供不少特效，而如果想要更多特效，也可以購買。

裡頭也包含一些歌曲。

其中一首叫做「塔可餅之歌」（*It's raining Tacos*），歌詞連小學生都很容易理解：

現在下著塔可雨　*It's raining tacos*
從天而降　*From out of the sky*
塔可　*Tacos*
不需要問為什麼　*No need to ask why*
只要張開嘴巴閉上眼睛　*Just open your mouth and close your eyes*
現在下著塔可雨　*It's raining tacos*

下面這首歌，歌詞更是淺白：

貝殼　*Shell*
肉　*Meat*
萵苣　*Lettuce*
起司 起司 起司 起司　*Cheese Cheese Cheese Cheese*

這些並不是在數十年過後還能發人省思的鮑伯．狄倫歌曲，卻能輕鬆讓小朋友在影片中做出天空、下雨、塔可餅、張嘴、閉眼等動作。

我最喜歡的是，以雪花效果象徵從天而降的起司。

你當然也可以為你喜愛的歌曲製作影片，最合適的莫過於形象鮮明的歌詞了。我們最愛的是阿德爾．塔維勒（Adel Tawil）的熱門歌曲「歌」（*Lieder*）：

我行走像埃及人　*Ich ging wie ein Ägypter*
和鴿子一同哭泣　*hab'mit Tauben geweint*
曾經是個巫毒孩童　*war ein Voodoo-Kind*
就像滾石一般　*wie ein rollender Stein*

在我們家孩子的幻想世界中，行走像埃及人，便是用雙手在頭上比出金字塔的形狀；「鴿子」（Tauben）和「聾子」（Taube）字一樣，所以一個孩子哭泣，另一個孩子則掩起耳朵。至於「巫毒」，則是把一個嬰兒娃娃舉到相機前，而一把彈珠則代表「滾石」。

在漫長的冬日午後，我們家往往成了小型拍片場，一個場景一個場景——通常也是一行一行的歌詞——的拍攝一首歌，工程甚至持續整個週末。而在「歌」的歌詞中提到的「科特．柯本」（Kurt Cobain），由於找來的人選不盡相同，所以在同一個影片中，扮演的人也會隨著改變。

這種影片我大多還滿愛看的，孩子們對歌詞的理解與創新的詮釋總是令我驚艷，而我也會盡量避免在製作影片時一時不察，從鏡頭前走過——雖然有時還是會發生。孩子們似乎並不介意，就算爸爸或媽媽拿著洗衣籃出現在背景處，他們也不會重拍。這種時候他們顯然就像在眞實生活中，同樣把我們當空氣。

經過細心的觀察，我發現拍這種影片挺耗時的。

因此每當有人問我：「你要一起來嗎？」時，我總是有點猶豫。

我挺樂意客串，充當其中的視覺亮點，例如在亞莉安娜．格蘭德（Ariana Grande）「沒了你少了個麻煩」（*One less problem without you*）中扮演「你」；在席琳娜．戈梅茲（Selena

Gomez）的「愛你就像一首情歌」（*Love you like a lovesong*）中扮演「你」；在王子樂團（Die Prinzen）的「百萬富豪」（*Millionär*）中扮演「百萬富豪」，或是扮演娜米卡（Namika）的「心愛的人」（*Lieblingsmensch*）。

但一整支影片？

「很快就好，」我的猶豫消滅。「拍好了我跟別人還有約呢！」

哦，原來我只是個替代品。但另一方面我也很好奇，並且因爲受邀而感到榮幸（畢竟，在朋友來之前，我家孩子也可以上網瀏覽貓咪圖片或是進入班級聊天室打發時間）。對了，我也有那麼點虛榮心：誰不想在正港的音樂MV上擔任巨星呢？

哪首歌呢？馬克・羅森（Mark Ronson）風行一時的「放克名流」（*Uptown Funk*）是當時我們全家的寵兒。

我辣爆了（超辣）　*I'm too hot*（*hot damn*）
得叫警察跟消防員　*Called a police and a fireman*
女孩我包准你大喊哈里路亞　*Girls hit your hallelujah*（*whoo*）
因為這放客之城將讓你嗨到不行　*'Cause uptown funk gon'give it to you*

不相信我，看著就知道 *Don't believe me just watch*（*come on*）

這種無厘頭的歌詞，對我們的創作有好有壞。歌詞沒有任何情節故事，從歌詞也帶不出任何動作；不過好幾行的歌詞一再重複，只要考慮一次該如何以視覺呈現，其他就能不斷稍加變化。

這首歌聽起來像八〇年代的風格，拍攝工作尚未開始，看到我以當時的舞步跳舞，大夥兒就笑成一團。幾秒鐘後，他們就下了判決：「這樣不行啦。」

當年在我們的學校派對上，女生們的評價可不同呢（至少我很樂意這麼想）。

於是我乖乖聽從孩子們的指揮、調整，同時心想：「每當我們指示孩子：『試試這麼做』時，他們的感受肯定和我現在類似。」

但首先我們必須尋找合適的拍攝場地。去外面還是在家裡？我發現，影片中如果沒有場景變化，看起來會很不專業。

瞄一眼時鐘，看一下天上的雲朵，我們決定到戶外去。接下來必須安排視角，兩人掌鏡雖然可以輪流拿手機，卻少了共同入鏡的機會。

還有，如果每換一行歌詞，就改變鏡頭和拍攝對象的距離，也會讓人看得糊里糊塗。「如果只有人物改變，看起來也比較精采」。孩子們思考作品時的種種想法、他們從嘗試與犯錯，以及從和他人比較所學到的，再再令人驚艷。爲什麼他們對學校功課不能抱持同樣的熱情呢？

爲什麼學校作業不能是寫一首關於分數的歌，或是拍一支介紹蚯蚓的短片呢？

這時手機正斜靠在護牆板某個凸出的地方，這種位置我們成年人唯有在必須幫那裡塗漆時才會注意到，並且懊惱是誰做工這麼草率。可是在孩子們眼中，在一個處處是機會的世界中，那裡卻是個理所當然的三腳架。

爲了鏡頭角度能配合不同的演出者身高，我們試拍了好幾次，最後終於正式開拍。首先必須挑選等一下要表演的歌曲部分，光是這一點就複雜到令我無法理解了。

一陣響亮的掌聲之後，音樂響起。

我驚嘆：「太酷了！」結果因爲太驚訝，錯過了自己的出場時間。

回答卻是：「99分」（99 Cents）。

過了一會兒我才恍然大悟：這不是哪位嘻哈歌手或歌曲的名稱：開頭的掌聲是特別加上去的，而爲了這段掌聲，必須付99分的歐元。

唉，孩子們總是把零用錢花在不該花的地方。

我試了幾次才能抓準時間點。這種 App 會在安排的場景前先播出幾小節音樂，好讓我們就定位。基於某種不明原因，我需要前導音樂再來一遍，才了解我不必跟著唱（因爲這只是錄製影像，不錄聲音）。由於我們不需要複雜的動作設計，所以進度順利，但到了歌曲大約進行到一半時，我便開始忘了我們要幹嘛，只是傻傻聽從指令。「現在從左邊跑進來」、「現在邊彈手指邊從鏡頭前走過」、「再來一遍，但是要快一點」、「可以來個側手翻嗎？」

我試了一下，結果差點扭傷肩膀，還肚皮落地，笑到快斷氣。

我們前後排成隊，一個上半身往左，一個往右，接著反向再做一遍。

我們在鏡頭前倒退著走，再利用特效變成向前，看起來荒謬到爆。

就算我們已經想不出任何點子了，也能隨意發揮，把顏色變成虹光。

當孩子約好的友人來按我們家門鈴時，我聽到自己說：「我們快好了——來，再五分鐘就好！」

而與此同時我心裡想的是：平常孩子要求我多給五分鐘時，應該也是這樣的感受吧。

我們儘快把影片拍完。當天晚上我靜下心來好好觀賞，並且存到我電腦上的數位相簿裡。

拍片爲什麼這麼好玩？製作影片門檻不高，僅供私人觀賞。但門檻也不會太低，因爲每個人都提供點子，決定該怎麼拍。這是一種社會主義的實踐，人人貢獻所能並量力而爲，如果我不會側手翻，我就是不會，大家都必須接受。但最後則如我們所見，也是ＯＫ的。

我心想，我那個失敗的側手翻能不能搭配阿德爾．塔維勒歌詞中的「我行走像埃及人」？應該挺逗趣的吧。

而現在我也知道，下次要推薦哪首歌了。這首歌不但提供了些許的音樂早教，還有許多適合趣味演出的歌詞：

99顆氣球

正在飄往地平線（「99顆紅氣球」）

31.
第一句話

「爸爸，我會說的第一句話是什麼？」

我的反應：「欸……」

我完全沒印象。

當下我該說什麼好呢？「去問媽媽，那時候我在工作」嗎？

其實問題不在這裡。

我就是不記得了，不過我很確定，我以前還記得的。當時我本人很可能在場，要不就是事後聽老婆大人轉述過。那時我們開心極了，對這第一句……達達？媽媽？汪汪……不知什麼的欣喜萬分。

但現在我忘了。

一股罪惡感有如大浪般將我衝飛而起，接著把我拖進水底。凡是衝浪的人都知道，這種情況大大不妙。在大浪形成的漩渦中，我們分不清上下，所以沒辦法漂浮起來。必須保持冷靜，否則就有性命之憂。

「我……欸……」我咕噥著說。

接著改變策略：「我不記得了。」

孩子愣了三秒鐘，接著聳聳肩，說了聲：「好吧！」就走掉了。

我卻被一個懸而未決的問題、一個開放性創傷糾纏著。是我不夠愛我的孩子，才會忘了他們生命中會說的第一句話嗎？我是那種純粹因爲我的薪資帳戶，才有自信的週日爸爸嗎？

就如羅賓．威廉斯（Robin Williams）在「虎克船長」中飾演的彼得潘，他在兒子足球賽的最後幾秒還把當時最時尚的掀蓋手機貼在耳朵上，匆匆趕赴球場，清楚詮釋他總是搞錯事情的優先順序。

知道孩子最早會說的話，難道不也是好爸爸的必備條件？

還有，孩子們是什麼時候會走路的？

我冷汗直冒，這些我都不記得，我是個白痴老爸。我也許每天早上都會幫孩子在麵包上塗抹果醬，對昨日或明日卻沒印象沒想法。

我急切的在我的記憶抽屜裡搜尋，把裡頭的記憶拖出來，在裡頭翻翻找找，結果只是製造更大的亂象。而我最先想到的，是另外兩個孩子最早會說的話是什麼，我也都忘了；我雖無知，但至少我對他們一律公平無知。

我想起一些我一再聽人談起的往事，這些往事（將會）交織成生命故事的肌理，比如我們某個孩子老是把水壺叫做「鋼哥」；而我年幼時曾經站在自家花園裡，指著天上的飛機叫著：「凸以西凸以西」。不過這些還不算是說話，而且這些記憶也太貧乏了。

我還記得什麼？我們什麼時候在哪裡？也許我可以利用家庭節日或是旅遊度假的記憶碎片來回想？

霎時間種種情緒再度浮現：生命中第一次帶我們家老大去度假——在海邊。我把孩子高高拋起，他歡呼著，我滿臉燦笑。更高更高再更高再……最後拋得太高，我差點沒能在小娃兒狠摔到沙地前將他接住。心跳急飆、憤怒的目光、羞愧羞愧羞愧、差勁的爸爸！其實一切都安好。

小娃兒也很開心，而至今我依然記得：愉快的咯咯笑聲、燦爛的笑容、遼闊的藍天和海鷗。

輕鬆的感覺緩緩滲入我那緊繃的四肢。

還有什麼？除了傻事，我是否還有其他回憶？

最早會走路？最早長出來的牙齒？最早用湯匙吃稀飯？

這些我全都不記得了！

老婆大人用錄影帶將孩子們的生活實況記錄下來，他們是什麼時候開始會說話的？我猜大約在六到十八個月大之間吧。那麼想塡補我的記憶缺口，三個孩子我只需花三年的時間（睡覺不算）就行了。

或者我乾脆隨便說，孩子最早會說的話是：阿嬤、狗、愛、股票指數；反正已經沒有人記得了。

反正就是某某一句話。

我想起一則老笑話：約拿丹已經六歲了，卻從來沒有說過任何話。有一次全家人一起吃早餐時，約拿丹突然用完美的德語說：「媽媽，沒加鹽。」全家人都驚喜交集。母親問：「約拿丹，以前你爲什麼都不說話？」約拿丹答：「以前都沒有任何問題啊。」

也許我們家也一樣，也許因爲都沒有任何問題，所以我們家孩子打從一年級開始，就會說完完整整、高文法難度的句子。

應該就是這樣。現在我只需不時提起這件事，直到它成爲我們的家族傳奇就行了。

但我幹嘛給自己這麼大的壓力？

人生有許多第一次，撿起一支波浪鼓或一顆彩球這樣的動作，孩子們並不是透過長久練習正確的動作而學會的。恰好相反，他們是靠著不斷去除錯誤的動作而逐漸精進能力的。

語言能力的養成也一樣，小寶寶伊伊呀呀發出各種聲音，其中一些偶然發出的聲響得到了特定的反應，這些模式於是獲得強化，其他的則消失。每種文化都會留下構成其語言的聲音，一個孩子如果沒有在六歲前就學會流利的因紐特語，就永遠無法把這種語言說得毫無腔調。就此來看，人生會說的第一句話純粹只是偶然，第二句才值得我們關注。

可惜的是，這第二句話我也不記得了。

不過我記得其他重要時刻：第一次自己煮義大利麵、第一次用電動鎚鑽鑽洞、第一次吃冰淇淋、第一次成績墊底、第一次玩滑水道、第一次在幼兒園的戲劇演出、第一次被黃蜂螫到。

或是一般常見的學騎自行車：得意、恐懼、第一次自己騎幾公尺……那果眞是孩子自己騎的幾公尺，或者我們家孩子立刻就撞上路燈柱了？眞不巧，那根燈柱擺錯地方了。

我目送著他們的背影，我依然清楚記得三個孩子學騎車時，我是站在哪裡鬆開抓著腳踏車的手的。穿著小鞋的兩隻小腳跨上小小的踏板……而在這一瞬間我大大鬆了一口氣，我發現我也是個情感豐沛的人。只不過，我的情感是用在別的事物上，不在乳牙啦、最早會說的話啦，而是在做的事，在征服世界！

重要的不是我們跌倒幾次，而是在跌倒之後能重新站起來。而參與這些經歷，並且偶爾在他們站起時拉他們一把，或是至少鼓勵他們——這是我當爸爸的方式，這是重要的回憶。

以身作則並且參與，這一點我不比別的爸爸差，也不比他們好。我是那種不記得自己孩子會說的第一句話的爸爸，但是我知道當時我是記得的，這樣應該也足夠了吧？

根據老婆大人的說法，他們最早會說的話分別是：冰淇淋、球、不要。

我同意。而最多在我再問過十次之後，我一定會記起來的。

32.
星空

我們花園裡有一間遊戲屋，那是一種給沒樹的人使用的樹屋。

而我們的孩子原本想要自己蓋一間眞正的樹屋。

我們愧咎的站在那裡，腦海裡響起烏多．尤爾根斯（Udo Jürgens）的老歌：「我想跟你一起做風箏……你卻總是沒時間！」

爲什麼我們沒有及時考慮，有朝一日我們會有孩子？那麼我們就會和這棟公寓裡的住戶培養好交情，然後偷偷在花園裡埋下一顆蘋果或一顆栗子。前提是，這座花園必須數十年都不割草，這樣我們的計畫才能實現，那麼現在我們家院子就會矗立著一棵高大的樹木，作爲我們樹屋的支架了！

唉，算我們倒楣。要是現在種下一棵樹……那麼頂多也只來得及爲我們的孫子提供樹屋了。因爲這樣，所以我們就有了一座遊戲屋，而我們的遊戲屋與自己蓋的夢幻逸品相較，就如同動物園之於非洲大草原，不過我們的遊戲屋有個很棒的滑梯。

遊戲屋很棒，它既是小型木偶劇場，也是學校、咖啡館，總之，它無所不能。而遊戲屋的背面有一面攀岩牆，看著孩子們利用那些小握把和凸起往上爬，再從窗口進入支在高腳柱上的小屋，總是令我讚嘆不已。（我知道，世上也有能這麼做的成人；世上也有人能表演空中飛人，但我不必因爲這樣就得成爲其中一員吧？）

就算是冬天，也能在遊戲屋裡玩，因爲裡頭至少不會有對流風，而屋頂也能擋雨。遊戲屋還有一項蓋在樹上的眞正樹屋沒有的優點：松鼠如果想跳進屋裡，留下吃剩的堅果殼並沒有那麼容易。

某個溫暖的夏夜，我們站在院子裡望著那座小型遊戲屋，這時不知誰提議：「今天晚上我們睡外面怎麼樣？」

也許各位也有過相同的經驗，在某些時刻天時地利人和，每個想法似乎都很合邏輯，每個點子似乎都能實現，我們與宇宙合而爲一，既滿足又快樂；當時正是這樣。我們彼此對望，聳了聳肩，說：「當然好，有何不可！」

可以免費睡外面，這樣能解放我們的心靈免於傲慢與虛榮！我們回歸根源，親近大自然！聽起來很棒，也符合我們倡導的價值觀。

當時我們的孩子已經開始睡所謂的「青少年床」，這種床比一般火車站飯店的單人房床窄一點、短一些。這樣正合適，遊戲屋的地板剛好夠兩張這樣的XS床墊併排放在一起。

這種成功的經驗，這種命運的召喚大大鼓舞了我們。由於我們是熱愛野外生活的家族，於是孩子們都把自己的寢具搬到花園裡，爬上梯子，連心愛的動物布偶和抱枕都帶過來了。幾分鐘後，遊戲屋內部簡直可以當作英勇替身演員的超軟安全墊了。

美極了、誘人極了、舒適極了，可惜沒地方睡覺了。

最後我們先在家中刷好牙、穿上睡衣褲，這才帶著床邊故事書和手電筒出去。我們沒有鎖上通往露臺的門，反正從外面也鎖不了。不過爲了保險起見，我還是帶著一把大門鑰匙，將它藏在遊戲屋的角落裡。幸好有備無患，因爲就在我們朗讀故事時，露臺門前方的百葉窗就落下來了。

聽完故事後，大家彼此依偎著、倚靠著，這幅景象實在美好、實在溫馨，可是並不舒服。尤其每次在我即將放鬆時，要不是有人急著改換姿勢躺，就是有人放了很長的響屁。

還有，由於有屋頂，我們就無法看星星了。我把遊戲屋的百葉窗拉開試探看看，但外頭的黑暗令我心裡毛毛的。

但我還是很想看星星，於是我從家人身上匍匐而過，來到遊戲屋門口，像把頭探出車窗的狗般，把腦袋往外伸，就這麼仰躺著，望著星空在我面前展開。哇！我下定決心，往後要經常欣賞這種絕妙景觀。（猜猜看，後來我觀賞了幾次？很好，各位猜對了。）

其他人受到我這種無言的驚嘆吸引，大家也想體驗體驗，結果我們必須重新調整躺臥位置，而有人感到太熱，有人感到太冷。不知何時突然響起年輕爸媽心目中，天底下最悅耳的聲音：孩子們睡著時和緩的鼻息聲。

很擠、很熱、很不舒服，但我卻很開心。

我們就這麼躺著，而不知何時我一定也睡著了，因為不知何時我醒過來，不知自己置身何處，只知道我動彈不得，兩側都被人卡住了。但我居然一點也不恐慌，我反而知道一切都很好；這一點著實令我驚訝。遠古時代的穴居人類或許也是同樣的感受，他們只有在聞到外人的氣味時，才會變得警覺或恐懼吧。

過了幾秒我才意識到，自己身在何處。我試著採取比較舒適的姿勢，並且避免把家人吵醒。做爸媽的人有多喜愛子女睡眠中和緩的鼻息，就有多擔心他們太早醒來前不勻暢的呼吸聲。

小朋友需要的睡眠多於成人，而我計算過，他們的睡眠時間夠長，但是我老是覺得他們好像隨時都清醒，我自己卻老是感到疲倦。

總之，我就像搭乘長途飛機一樣，雖然不時小心調整我的身體重心，卻還是無法減輕我的痛苦。我安慰自己，童年時我每次睡帳篷，就睡得不太好，想來應該是基因作祟。錯不了，我絕對擁有彈簧床基因。我心懷愧疚的決定要溜回家中，以免破壞大家的興致。

我側耳傾聽各種夜間聲響。周遭一片黑暗，爲什麼卻如此吵雜？車聲、腳步聲、拍翅聲、奇怪的窸窸聲。

我摸索著家門鑰匙，鑰匙卻不見了——老婆大人連同枕頭和棉被也不見了。

我迷迷糊糊的摸索著爬下梯子，踩過濕冷的草地，發現有人又把百葉窗拉上去，而老婆大人正躺在我們的床上睡著。也許她偶爾也想一人獨享這張床，不過這可不是雙人床的作用。

夜裡我們當然沒有把窗簾攏上，這樣只要太陽升起，陽光就會在我們的鼻子上搔癢。我不希望孩子們醒來時，會以爲我們像《糖果屋》裡漢森和葛麗泰的爸媽，丟下他們不管，因此我趕緊起身來到花園。這時世界也緩緩甦醒，鳥啼、車聲，報童、修剪樹籬的大剪刀聲此起彼落，這是個極爲普通的週末清晨。

孩子們睡得又香又沉，在我們第三次過去查看時，有人睜開一隻眼睛，露出一抹微笑，說：「這是我這輩子最棒的一晚！我從來沒有睡得這麼好過！」

我們開始考慮，要把家裡的兒童房出租給觀光客。

33.
魚

在假期最後我們去拜訪朋友，他們家同樣也有三個孩子。三個孩子可謂是中產階級新的身分象徵——既可保障養老金，又不會生養太多。

他們的孩子和我們的孩子當然不是好朋友，也沒這個必要，那是爸媽之間的友誼，更況且孩子們連同齡都稱不上，他們的年紀分別錯開兩歲左右，以至於「我不認識你，可是我們一起玩吧」的效應從一開始就不靈。

這本來也不是什麼大問題，我們只能接受。我們不能老是只拜訪孩子朋友的爸媽——即使這些爸媽人通常都很好。我們和孩子朋友的爸媽，雙方的關係往往就和我們的孩子和爸媽朋友的孩子一樣，並不怎麼樣。

朋友提議：「你們可以在我們家住兩、三晚。」老實說，我們也正有此意，帶著三個孩子，如果每次都住飯店實在太貴了——儘管子女保障了我們的養老金。

我們家孩子不開心，爸媽朋友的孩子也不開心。我們說：

「不過只是住幾天，」而且：「大家一起住，彼此都好處多多。」還有：「拜訪朋友，本來就應該這樣啊。」

他們反駁：「可是那是我的房間耶。」還有：「可是飯店有游泳池耶。」（這倒未必，不過意思我懂了。）

前一晚我們盡量妥善打包，讓一半的行李可以擺進車庫，因爲直到旅途最後，這些行李都不再需要了。

但剩下來的一半還是很多。我們的朋友把兩間兒童房空出來供我們使用，他們家兩個女兒，一個睡爸媽的臥房。她其實覺得這樣很棒，而且這也是她一直以來的願望，但基於戰略考量，她當然不能承認。另一個女兒可以選擇睡走廊旁的沙發（那裡有兒童電視機和遊戲機）、睡哥哥的房間或是去閨蜜家睡。我們住她家的那兩晚，她反覆改變主意不下三十次，這樣至少讓她有事忙。

而她們的哥哥對這些都不在乎，他想來就來，想走就走，就跟其他中學即將畢業的青少年一樣，彷彿活在自己的時區裡。有時在將近中午時分，有時在日近黃昏，有時在其他人都快上床時，而有時甚至大半夜的，還聽得到他那剛變聲的低沉嗓音在屋子裡迴盪——或者那只是鄰居的哈雷機車聲？

第一間兒童房裡擺著跟我們家同款的 Ikea 床，床已經拉出來準備好了。我們把攜帶的行李放進房間，結果房間塞滿了，行李卻還剩很多。於是我們又到了第二個房間，那裡的青少年床較寬些，就算來一個客人也夠睡。當我們幾乎把所有的旅行包、行李箱、盒子、袋子、硬紙盒以及隨身攜帶的小物件，比如CD、充電線，外加幾雙鞋、盥洗用品和一副鏡架有裂痕的太陽眼鏡全部堆放好時，我們已經無法走到床邊，也無法開啓行李了。

我們只好將一半行李的另一半暫時放到客廳、過道房內，而幾件小物品則放到廚房或露臺上去。這時我忽然想起，之前我不小心把一個裝著食物的袋子放到車庫去了。我去拿那個袋子，想把尚未吃完的食物塞進冰箱裡，但冰箱似乎故意跟我作對，裡頭的東西早就快滿出來了。

這倒給了我們好理由喝咖啡、吃餅乾，和朋友閒話家常。而與此同時，朋友家的孩子和我們家的孩子也很快就發現，他們至少有個共通點，這個共通點就是他們完全沒有共通點，而此刻他們則聯合起來抱怨彼此毫無共通點，並且因爲彼此沒有共通點而決議：「去花園裡玩蹦蹦床」，毫無異議的共同執行，令我們大感意外。無聊外加有機會在別的孩子面前零風險的表現一下，有時也能發揮驚人的力量。

享用過咖啡後，我們開始找起「這個」「那個」，找到最後我都想不起到底要找什麼了。總而言之，經過大約十分鐘後，我們已經像在這裡住了十年了。

孩子們也去拿東西，而爲了拿取物品，他們就像是滲入石灰岩裡的水一般，在開啓的旅行包、行李箱和袋子之間殺出一條血路，在一片混亂中犁出通道來，而且不僅不把這團混亂當回事，甚至還讓混亂升級。T恤到底在哪裡？……我的運動鞋跑去哪裡了？假期最後三天要穿的襪子我都塞在裡面了。放在這堆東西上面的雜誌到底是你們的還是我們的，或者你們我們的都有？

對了，我有說過，我們朋友家養了一隻狗嗎？

一隻混種獵犬。

還有一隻貓。

我猜，這應該和他們家三個孩子一樣，原本都不在計畫中。

那隻獵犬突然從外面進來，牠尷尬的瞧了瞧，接著像隻兔子般小心翼翼的完成令人佩服的障礙賽，平靜又準確的前進，瘦削的小腳一步步踩著小小的空隙前行，就在牠即將抵達牠位在沙發上的臥墊時，貓咪卻突然想玩耍。

激戰迅速結束，但所有的衣物，甚至連放在袋子最底下的，都沾滿了貓毛；看來貓咪掉毛顯然比屋裡女生洗衣服的速度還更有效率。

接著貓咪又動也不動的坐回原先的位置，狗則溜之大吉，沒有人知道牠跑去哪裡了，也許躲進某個硬殼行李箱內了。

這時候也差不多到了晚餐時間了，而吃過烤肉餐後，也懶得把家當收拾整齊了。好不容易我們才找到牙刷，而這些牙刷當然不是從盥洗包裡拿出來的，如果放那裡，難度就會太低了，這樣多無趣呀！之後寂靜在屋裡蔓延開來，直到半夜不知何處響起彷彿機器引擎的呼嚕聲，昭告著，現在人貓全員到齊了。

夜裡要上廁所可就難如登天了，所幸後來我就算閉著眼睛也能掌握這裡的地理形勢（隔天夜裡我再次被絆倒，於是我決定採行實用對策，匍匐爬過這片行李戰場。）

第二天我們有如遊魂般在屋裡走動，在一片混亂中逐漸形成幾條小通道，它們有如溪流般蜿蜒流動，而且具有生命，能配合需求。現在我們確定不會住飯店了，於是牢騷暫停，大家紛紛從書架、行李箱或是行李袋裡拿出書來看、分享並交換 MP3 播放器、形成小團體取笑他人、未經同意就把冷凍庫裡的冰淇淋拿出來給大家吃，以及爲客人提供各種物品、彼此用水管幫對方沖涼，再溼答答的尋找乾爽衣物（可惜沾滿了貓毛）等等，這些都是該有的待客之道。我們大人則用購物、吃東西、再購物、散步、再吃東西等來殺時間，而且彼此有許多聊不完的事。我們望著孩子，取笑著那隻最後終於爬上臥墊，並且對周遭瘋狂景象不以爲然的狗兒。

主人家的孩子具有主場優勢，他們熟悉這裡的環境，還有朋友來訪。相對之下，時間一久，別人家的書、CD和影片對我們的孩子就失去了魅力，因此到了傍晚，他們就玩得加倍瘋狂，而且遊戲也不再是眞正的遊戲，反而像是隨時可能爆發的意外。

我們開始擔心行李了，孩子們在屋內狂奔時，這些行李很容易會把人絆倒，於是我們把孩子全都轟出去，但不久他們便雙膝帶傷的回來。這時我們只有一個辦法：要不是爸媽抓狂，大家立刻上床……就是去吃披薩。

反正這時候廚房裡也沒有我們落腳的空間了，我們的行李顯然是兔毛做的，繁殖速度驚人，現在對策只有一個了。今晚將會是個美好的夜晚，上館子享樂吧！這是五口之家少有的奢侈，甚至還有飲料和甜點——這麼闊綽，還是比在飯店住上一晚便宜。

我們聊著工作上的情況，孩子們則互相比較他們的老師。這是個極爲愉快的時刻，但也蘊含些許的擔憂。明天該怎麼安排？

正當我們全家疲憊不堪的擠在對這麼多人來說太小的浴室裡（而狗兒當然突然得四處巡視，查看是否一切如常。這隻爪子銳利、肌肉強壯的動物已經快抓狂了），孩子們開始吵著要回家。他們抱怨說太熱了，他們想要自己家的房間，說這家孩子又不是他們的朋友，還有，他們根本還不累等等。我很慶幸今晚是我們在這裡的最後一晚，同時想著：客人就像魚，必須在發臭前離開。

朋友和我對看了一眼。儘管這種情況帶給我們莫大的壓力：所有的人都疲憊不堪、發著牢騷又相互推擠，包括我們兩人，但我們卻忍不住笑了起來。

這時我突然說：「這就是所謂的教育。二十年後你們的孩子會在某人家作客，而也會有人到我們孩子家中作客。那時他們雖然不懂為什麼，卻會認為留宿客人是天經地義的。這種事未必都令人開心，但感覺上，追求這種密切的關係是對的。和他人共同示範自己的價值觀，這正是教育呀。」

當天夜裡，這棟屋子就和我那塞著披薩的肚子一樣大爆滿。沒錯，就算只是再多待一天都令人受不了，氣氛會突然大翻轉。

隔天清晨我們開始打包，總共花了好幾個鐘頭。我們原本計畫十點上路，結果到了十一點還沒打包完。到了十二點我們終於可以出發了……結果車子之所以塞得那麼剛好，是因為我們另一半的行李還在車庫裡。一切又回到原點，車上的行李悉數取出，全部的物品再次放進車內，結果塞不進去。雖然我們是這麼來的，應該沒問題才對，但現

在看來這似乎是不可能的任務。情非得已，我們只好把一個裝著一大堆度假用品的行李箱留在朋友家的閣樓上。這些度假用品我們從沒用過，但每次都一定會帶上。現在行囊終於塞得進去車內了；有時候我挺痛恨物理法則的。

幾星期後，我們在孩子的電腦光碟機裡發現一片朋友家的DVD，我們兩方算是扯平了。

而我老覺得，一些T恤上都還沾著貓毛。

啊，那段美好的日子。

跟德國爸爸輕鬆學：從 33 個親子互動妙招，學習陪伴的教養 / 拉爾夫・凱斯帕（Ralph Caspers），烏爾里希・霍夫曼（Ulrich Hoffmann）作；賴雅靜，黃秀如譯. -- 初版. -- 新北市：字畝文化創意出版：遠足文化發行，2018.08
面； 公分
譯 自：Ab in die Dertschi! : 33 Familiengeschichten, die passieren, wenn man sie nur lässt.
ISBN 978-986-96744-2-3（平裝）
1. 親職教育 2. 子女教育
528.2 107013007

XBED0005

跟德國爸爸輕鬆學：從33個親子互動妙招，學習陪伴的教養

作者 拉爾夫・凱斯帕 Ralph Caspers、烏爾里希・霍夫曼 Ulrich Hoffmann
譯者 賴雅靜、黃秀如
繪者 茨凡・凱勒爾 Zwen Keller

社長兼總編輯 馮季眉
副總編輯及責任編輯 吳令葳
主編 洪 絹
封面設計 許紘維
美術編輯 張簡至真

出版 字畝文化創意有限公司
發行 遠足文化事業股份有限公司
地址：231 新北市新店區民權路 108-2 號 9 樓
電話：(02) 2218-1417 傳真：(02) 8667-1065
電子信箱：service@bookrep.com.tw
網址：www.bookrep.com.tw
郵撥帳號：19504465 遠足文化事業股份有限公司
客服專線：0800-221-029

讀書共和國出版集團 社長：郭重興
發行人兼出版總監：曾大福
印務經理：黃禮賢
印務：李孟儒

法律顧問 華洋法律事務所 蘇文生律師
印製 通南彩色印刷股份有限公司

2018年8月22日 初版一刷 定價：400元
ISBN 978-986-96744-2-3 書號：XBED0005